Abenteuer Wissen

Natur und Tiere

Abenteuer Wissen

Natur und Tiere

Ravensburger Buchverlag

Bibliografische Information Der Deutschen Bibliothek

Die Deutsche Bibliothek verzeichnet diese Publikation in der Deutschen Nationalbibliografie; detaillierte bibliografische Angaben sind im Internet über **http://dnb.ddb.de** abrufbar.

Die Schreibweise entspricht den Regeln der neuen Rechtschreibung.

1 2 3 06 05 04

Ein Sammelband aus Bänden der Reihe
„Ravensburger Kinderbibliothek“

Übersetzung: Christiane Burkhardt
Redaktion: Sabine Zürn
Printed in Germany
ISBN 3-473-35960-2

www.ravensburger.de

Inhalt

Wunder der Natur 7

Wilde Tiere 35

Wale und Delfine 63

Haie und Rochen 91

Worterklärungen 118

Register 120

Wunder der Natur

Pflanzenorgane	8
Pflanzennahrung	10
Vermehrung	12
Heilpflanzen	14
Pilze	16
Fleisch fressende Pflanzen	18
Regenwälder	20
Der Energiekreislauf	22
Grasland	24
Eisige Höhen	26
Küstenpflanzen	28
Wasserpflanzen	30
Wüstenpflanzen	32

Schon gewusst?

Ein Baum wächst nicht nur in die Höhe, sondern auch in die Breite. Das gilt ganz besonders für seine Wurzeln. Bei vielen Bäumen ist das Wurzelwerk so groß wie die Baumkrone. Manche Wurzeln sind so kräftig, dass sie den Asphalt aufplatzen lassen.

Pflanzenorgane

Wie der Mensch hat auch die Pflanze Organe, ohne die sie nicht überleben könnte: Die Wurzeln verankern die Pflanze im Boden und nehmen Wasser und wichtige Mineralstoffe aus der Erde auf. Der Stängel oder Stamm trägt die Pflanze zum Licht empor und verbindet die Wurzeln mit den Blättern. Die Blätter stellen Nahrung her und helfen der Pflanze bei der Atmung. Die Blüten dienen der Fortpflanzung. In den männlichen Staubgefäßen wird Blütenstaub (Pollen) gebildet. Wird er vom Wind oder Insekten auf die weibliche Narbe einer anderen Pflanze übertragen, ist die Pflanze befruchtet. Die im Fruchtknoten enthaltenen Eizellen reifen zu Samen heran, aus denen neue Pflanzen entstehen können.

Wie alt?
Jedes Jahr legt sich eine neue Schicht Holz um den Stamm. Diese Schicht nennt man Jahresring. Wer wissen möchte, wie alt ein Baum war, als er gefällt wurde, zählt einfach nur die Jahresringe.

Die Wasserversorgung

Es gibt zwei Arten von Wurzeln. Pfahlwurzeln reichen tief in den Boden hinein, um das dort gespeicherte Wasser anzusaugen. Faserwurzeln dagegen wachsen in die Breite und holen sich das Wasser aus den oberen Erdschichten.

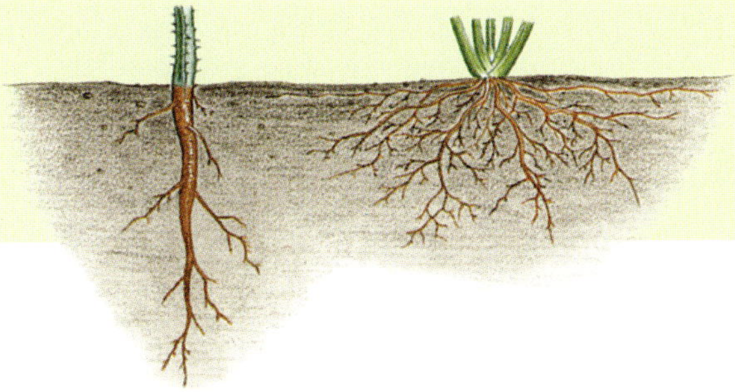

Fotosynthese

Pflanzen müssen nicht auf Nahrungssuche gehen – mit Hilfe von Sonnenlicht, Chlorophyll, Wasser und Kohlendioxid produzieren sie ihre Nahrung einfach selbst!

Pflanzennahrung

Bestimmt hast du dich schon einmal gefragt, warum Pflanzen grün sind. Das liegt am Blattgrün, dem so genannten Chlorophyll. Über ihre Blätter nimmt eine Pflanze Sonnenenergie auf. Diese Energie braucht sie, um das Wasser, das sie mit ihren Wurzeln aus dem Boden zieht, und das Gas Kohlendioxid aus der Luft in den Nährstoff Traubenzucker (Glukose) umzuwandeln. Den benötigt sie, um leben und kräftig wachsen zu können. Diese Art der Nahrungsproduktion nennt man Fotosynthese. Der von den Pflanzen erzeugte Sauerstoff wird zum Teil an die Luft abgegeben.

Tolle Knollen
Ist die Narzisse verblüht, speichert sie die Nährstoffe unterirdisch in ihrer Zwiebel. Das gibt ihr genügend Kraft, um im nächsten Frühjahr erneut austreiben zu können.

Schnelles Wachstum
In Regenwäldern, wo es viel Sonne und Niederschlag gibt, wachsen die Bäume besonders schnell. Sie können bis zu 75 Meter hoch werden.

Vermehrung

Um sich vermehren zu können, haben Pflanzen verschiedene Methoden entwickelt. Manche sorgen selbst für die Verbreitung ihrer Samen. Andere nutzen den Wind, das Wasser oder Tiere, um ihre Samen auf Reisen zu schicken. Auf keinen Fall dürfen sie im Schatten der Mutterpflanze liegen bleiben, sonst haben sie nicht genügend Platz und Licht zum Wachsen. Manchmal muss ein Samen Tage, Monate, ja sogar Jahre warten, bis er auf feuchten, fruchtbaren Boden fällt. Bis es so weit ist, dass er auskeimen kann, lebt er von seinen Nährstoffvorräten im Sameninneren.

Schon gewusst?

Manche Pflanzen explodieren regelrecht, um sich so weit wie möglich zu verbreiten. Platzt die Samenkapsel, fliegen die Samen 14 Meter hoch in die Luft. Wo sie auf fruchtbare Erde fallen, wachsen im Lauf der Zeit neue Pflanzen.

Strandgut
Kokosnüsse und die darin enthaltenen Samen treibt das Meer an kilometerweit entfernte Strände.

Hilfreiche Tiere
Flughunde und andere Tiere ernähren sich von Früchten. Indem sie die Samen unzerstört wieder ausscheiden, tragen sie ebenfalls zur Vermehrung der Pflanzen bei.

Die Keimung
Zunächst ernähren sich die Samen von der Kokosmilch. Dann beginnen sie Wurzeln zu schlagen und einen Stamm auszubilden. Wird die Pflanze größer, sprengt sie die Nussschale.

Ein ewiger Kreislauf
Auch die neue Kokospalme wird wieder Nüsse ins Meer werfen, die von der Strömung an neue Küsten getrieben werden.

Heilpflanzen

Schon früh erkannte der Mensch die Heilwirkung bestimmter Kräuter und Pflanzen. Er nutzte sie, um Krankheiten zu bekämpfen, Wunden zu heilen oder Schmerzen zu lindern. Heute haben wir moderne Labors, in denen wir die Pflanzen untersuchen können. Auf der ganzen Welt forschen Wissenschaftler nach neuen Wirkstoffen, um daraus Medikamente herzustellen. Vor allem auf die Regenwälder setzt man große Hoffnungen. Dort gibt es noch unzählige neue Pflanzenarten zu entdecken. Vielleicht enthalten sie Wirkstoffe, mit denen sich viele unserer Krankheiten behandeln lassen.

Die Naturapotheke
In vielen Ländern werden getrocknete und gemahlene Heilkräuter auf dem Markt angeboten. Manche davon sind schon seit Jahrhunderten bekannt.

Traditionelle Medizin
In den meisten Kulturen zerreibt man Samen, um daraus Medikamente herzustellen.

Die Heilkraft der Pflanzen

Korrekt angewendet sind die hier gezeigten Heilpflanzen eine äußerst wirksame Medizin. Aber Vorsicht: Viele Heilpflanzen können bei falscher Anwendung sehr giftig sein, denn auch Naturprodukte können erhebliche Nebenwirkungen verursachen. Deshalb Finger weg von jeder Selbstbehandlung!

Knoblauch
Knoblauch wirkt gegen Entzündungen und hilft bei Bronchitis und Erkältungen. Außerdem senkt er den Cholesterinspiegel und wirkt so gegen hohen Blutdruck.

Mohn
Die milchige Flüssigkeit der Opiumblüte enthält Morphium und Codein – beides Wirkstoffe, die in starken Schmerzmitteln enthalten sind.

Eukalyptus
In Australien wächst eine Eukalyptusart, deren Harz wie Blut aussieht. Die dortigen Ureinwohner benutzen es, um damit Wunden, Entzündungen und Ausschlag zu behandeln.

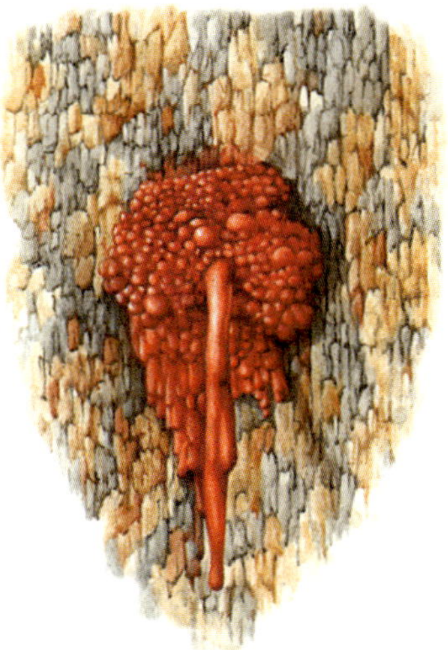

Fingerhut
Die getrockneten Blätter dieser Pflanze enthalten einen Wirkstoff, der Patienten mit Herzproblemen hilft.

Pilze

Streng genommen sind Pilze keine Pflanzen, denn sie haben weder Wurzeln noch einen Stamm. Außerdem fehlen ihnen die Blätter und somit das Chlorophyll. Weil sie ohne Blattgrün keine Nahrung erzeugen können, werden sie zu Schmarotzern: Die meisten Pilze können sich beinahe überall ansiedeln – sie ernähren sich von Pflanzen ebenso wie von Tieren, wachsen auf toten Ästen, aber auch auf Brot und Obst. Pilze brauchen keine Samen, um sich zu vermehren. Sie geben winzige Sporen an die Luft ab, die sich in Windeseile überall verbreiten. Dort, wo sie landen, wachsen bald neue Pilze.

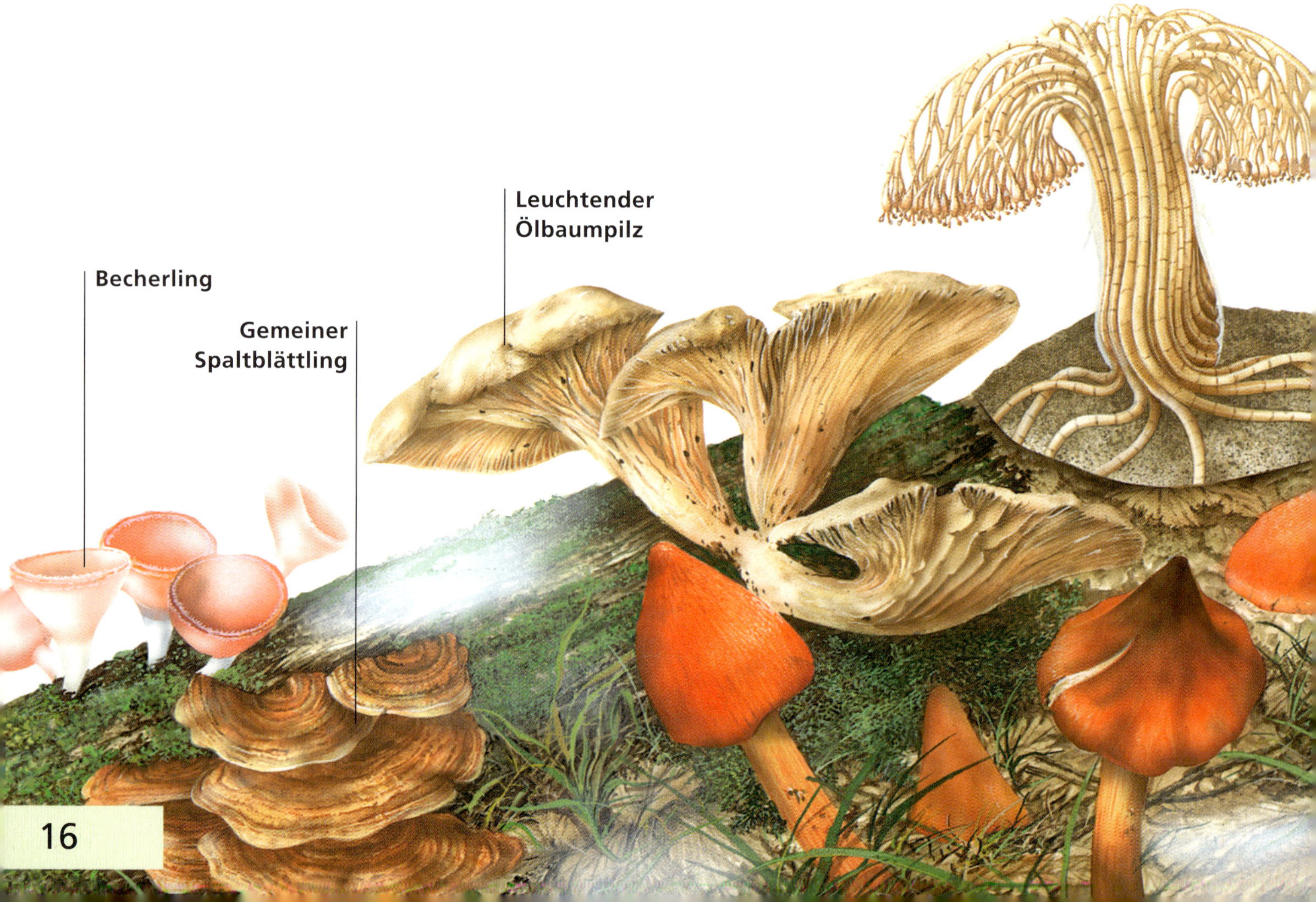

Wenn Pilze Leben retten

Lässt man ein Stück Brot oder einen Apfel mehrere Tage lang offen liegen, beginnen sie zu schimmeln. Einen ganz ähnlichen Schimmelpilz züchten Wissenschaftler im Labor, um daraus Penicillin herzustellen – ein Wirkstoff, der jedes Jahr Millionen von Menschenleben rettet.

Betörende Verlockung
Durch ihre prächtige Farbe und ihren süßen Duft lockt die Schlauchpflanze Insekten an.

Tödliche Neugier
Die Wespe landet auf dem schlüpfrigen Rand.

Freier Fall
Die Wespe stürzt in den Schlauch. Feine Härchen hindern sie daran, wieder hinaufzuklettern.

In der Falle
Die Wespe ertrinkt in den Verdauungssäften der Schlauchfalle.

Fleisch fressende Pflanzen

Insgesamt gibt es 500 Arten von Fleisch fressenden Pflanzen. Die bekanntesten sind die Schlauch-, die Venusfliegen- und die Saugfalle. Weil sie auf sehr mineralstoffarmem Boden wachsen, müssen sie sich zusätzlich von Insekten ernähren. Zu diesem Zweck haben sie ganz erstaunliche Fangmethoden entwickelt: Mit prächtigen Farben oder betörenden Düften locken sie ihre Opfer in die Falle, töten und verdauen sie.

Falle zu!

Mit ihren prächtigen Farben lockt die Venusfliegenfalle Insekten an. Lässt sich eine Fliege auf der Pflanze nieder, berührt sie deren Fühlborsten. Daraufhin schließt die Venusfliegenfalle sofort ihre Fangblätter um das hilflose Insekt und beginnt es zu verdauen.

Schon gewusst?

Im 15. Jahrhundert verwendeten die Hofdamen den Saft der giftigen Tollkirsche, auch „Belladonna“ genannt, als Augentropfen. Dadurch bekamen sie schöne große Pupillen und einen verführerischen Blick. Gleichzeitig wurden die Augen sehr lichtempfindlich und die Damen litten unter erheblichen Sehstörungen.

Feindliche Übernahme
Im Kampf um Licht und Platz hat die Würgfeige eine ganz besondere Taktik entwickelt: Sie rankt sich so lange an einem anderen Baum empor, bis sie ihn im wahrsten Sinne des Wortes erwürgt hat. Ist dieser Wirtsbaum erst einmal abgestorben und verfault, kann die Feige seinen Platz einnehmen.

Regenwälder

Im tropischen Regenwald herrscht ein extrem heißes und feuchtes Klima. Hier leben so viele verschiedene Pflanzen- und Tierarten wie nirgends sonst. Um im dichten Dschungel genügend Sonnenlicht zu bekommen, schießen die Bäume so schnell wie möglich in die Höhe. Manche werden bis zu 75 Meter hoch – so groß wie ein 20-stöckiges Hochhaus! Andere ranken sich in Rekordgeschwindigkeit an anderen Baumriesen hoch. Das sind Aufsitzerpflanzen.

Swimming-Pool
In den trichterartigen Blättern der Bromelie sammeln sich bis zu zehn Liter Regenwasser. In diesen Tümpeln tummeln sich viele kleine Tiere, die hier ihr Trinkwasser finden. Doch auch die Pflanze hat etwas davon: Sie verwertet die Ausscheidungen der Tiere und entzieht ihnen lebenswichtige Mineralstoffe.

Nachtleben

Im Regenwald gibt es Blumen, die sogar bei Nacht blühen. Mit ihrem Nektar locken sie nachtaktive Tiere an wie Falter und Fledermäuse. Diese übertragen die männlichen Pollen von einer Blüte auf die andere und sorgen so für ihre Vermehrung.

Tot oder lebendig?
Dieser Stamm ist tot. Doch wenn man genauer hinsieht, kann man erkennen, dass er vielen anderen Pflanzen, Pilzen und Tieren eine neue Lebensgrundlage bietet.

Der Energiekreislauf

Am Boden des Regenwalds ist es kühl, feucht und dunkel: Nur ein Prozent der Sonnenstrahlen dringt durch das dichte Blätterdach. In diesem Klima leben viele Pilze und Bakterien, die eine wichtige Aufgabe zu erfüllen haben: Sie lassen abgestorbene Pflanzen und tote Tiere verwesen und verwandeln sie in fruchtbaren Humus. So entsteht ein idealer Nährboden für neue Pflanzen. Stirbt einer der großen Bäume ab und fällt um, wetteifern die anderen Pflanzen um einen Platz an der Sonne und treten an seine Stelle.

Nährstoff- und Energiekreislauf
Tote Pflanzen und Ausscheidungen von Tieren verwesen und reichern den Boden mit neuen Nährstoffen an.

Grasland

Das Grasland, auch Steppe, Savanne, Pampa oder Prärie genannt, ist ein sehr trockenes Gebiet. Wälder können hier nicht wachsen, dafür regnet es zu wenig. Obwohl riesige Herden von Zebras, Giraffen, Elefanten, Gnus und Antilopen darüber trampeln und tonnenweise Grashalme verschlingen, überleben die Graspflanzen. Das liegt daran, dass sie nicht nur in die Höhe, sondern auch seitwärts wachsen und ihre Wachstumszellen dicht an den Wurzeln sitzen.

Schon gewusst?

Eine noch von der Geburt geschwächte Elefantenmutter kann am Tag bis zu 200 kg Gras, Blätter und Obst vertilgen. Findet sie nicht genügend Nahrung, fällt sie manchmal sogar Bäume, um ausreichend satt zu werden.

Kunstvolle Nester
Der Webervogel ist ein wahrer Meister im Nestbau. Je kunstvoller das Nest, desto mehr Aufmerksamkeit erregt er bei den Weibchen. In manchen Bäumen findet man bis zu 400 Nester!

Schon gewusst?

Die Puya, eine Erdbromelie aus Südamerika, hat einen eingebauten Wärmeschutz: Ihr Stamm ist von einem dichten Blattschopf umgeben. Er hat die Aufgabe, sie vor Wind, Frost und Kälte zu schützen. In eisigen Winternächten wirkt er wie eine warme Decke.

Kriechpflanzen
Die Kugelweide wächst vor allem dort, wo sich eine dichte Schneedecke gebildet hat, die das warme Sonnenlicht reflektiert.

Vom Winde verweht
Das im Gebirge wachsende Läusekraut hat einen langen, beweglichen Stängel, der auch Gewitterstürme überlebt.

Eisige Höhen

Im Hochgebirge weht ein eisiger Wind und es regnet nur selten. In dieser kargen Landschaft fühlen sich nur sehr wenige Pflanzen wohl. Um zu überleben, haben sie ganz unterschiedliche Methoden entwickelt: Manche Gewächse bleiben ganz klein, um die Bodenwärme zu nutzen. Andere haben kleine Härchen an Stängeln und Blättern, um Feuchtigkeit und Wärme zu speichern. Manche haben sogar eine Art Frostschutzmittel: Der in ihrem Inneren kreisende Pflanzensaft bewahrt die Pflanze vor dem Erfrieren.

Küstenpflanzen

Die Pflanzen an der Küste sind wahre Überlebenskünstler. Sie verankern ihre Wurzeln im schroffen Gestein steiler Felsküsten oder im losen Sand. Nur wenigen Arten gelingt es, den starken Windböen, dem Salz und der Gischt zu trotzen. Die Dünen sind ein besonders schwieriger Lebensraum, da sie der Wind immer in Bewegung hält. Dort gedeihen Dünengras und Strandhafer. Diese so genannten Sandbinder haben harte, stabile Halme und meterlange Wurzeln, mit denen sie dafür sorgen, dass der Sand nicht fortgeweht werden kann.

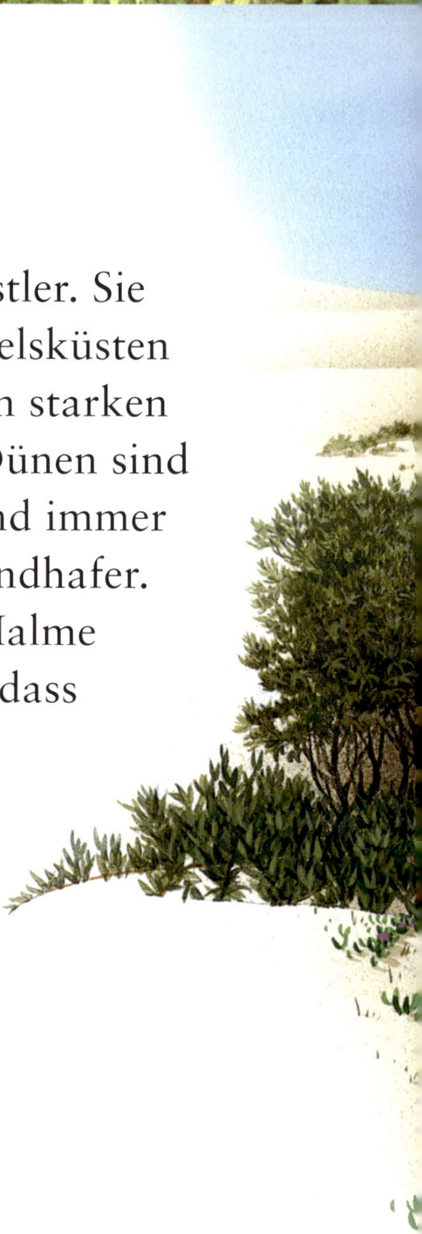

Pflanzen erobern eine Insel
Aus den Samen, die von Vögeln ausgeschieden oder vom Meer angeschwemmt werden, entwickeln sich kleine Pflanzen. Sie halten den Sand fest und schaffen einen fruchtbaren Boden, auf dem Buschwerk, niedrige Sträucher und schließlich auch Bäume gedeihen können.

Dünengras
Dieses Gras wächst so schnell, dass es mit den Bewegungen der Düne mithalten kann.

Halbhohe Sträucher fangen gefährliche Sandstürme ab.

Strandhafer
Wird es dem Strandhafer zu heiß, kann er seine Blätter einrollen, um sich vor der Sonne zu schützen.

Schon gewusst?

Im Amazonasgebiet wächst in ruhigen Gewässern und Landseen eine erstaunliche Riesenseerose. Ihre Blätter erreichen einen Durchmesser von mehr als zwei Metern. Sie sind so stabil, dass sie sogar einen Menschen tragen können.

Wasserpflanzen

Wasserpflanzen sind in reißenden Strömen und Flüssen ebenso heimisch wie in stillen Teichen oder Seen. Manche von ihnen treiben frei auf der Wasseroberfläche. Andere verbringen ihr ganzes Leben unter Wasser – dort, wo das Sonnenlicht gerade noch hinreicht. Am Meer, wo sich Ebbe und Flut miteinander abwechseln, müssen sich die Pflanzen ihrer Umgebung sehr gut anpassen können, um zu überleben. Andererseits sorgen die Pflanzen durch die Abgabe von Sauerstoff erst dafür, dass weiteres Leben entstehen kann. Algen beispielsweise gehören zu den wichtigsten Sauerstofflieferanten in biologisch intakten Gewässern.

Marschland
An der Küste oder an Flussmündungen schwemmt das Wasser immer mehr Schlamm und Schlick mit. Diese fruchtbaren Ablagerungen verdrängen das Wasser. Landpflanzen beginnen im flachen Wasser Wurzeln zu schlagen. Über einen Zeitraum von tausenden von Jahren kann sich ein See so in eine Marschlandschaft verwandeln.

See **Marschland** **Sumpf**

Wüstenpflanzen

In manchen Wüsten regnet es nur einmal im Jahr. Und trotzdem gibt es Pflanzen, die hier überleben können. Verborgen im Sand warten Samen monatelang auf Regen, um dann blitzschnell auszukeimen. Andere Pflanzen legen in ihren Wurzeln, Stämmen oder Blättern einen Wasservorrat an. Sie nennt man Sukkulenten. Der riesige Saguaro-Kaktus kann bis zu acht Tonnen Wasser speichern und bietet vielen Wüstentieren Schutz, Nahrung und Wasser. Die meisten Wüstenpflanzen haben keine oder nur kleine Blätter, damit möglichst wenig Feuchtigkeit verdunsten kann. Ihre Wurzeln breiten sie dicht unter der Erdoberfläche aus, um das Wasser aufzusaugen, bevor es versickert.

Kluger Kaktus

Der Biberschwanzkaktus dreht seine Dornenpolster mit dem Sonnenstand. Für die Fotosynthese nutzt er vor allem die frühe Morgen- und die Abendsonne. Wenn die Sonne mittags am höchsten steht, dreht er die Polster seitlich, um sie nicht der sengenden Hitze auszusetzen.

Bitte anklopfen!
Spechte hacken Löcher
in den Saguaro-Kaktus.

Vorsicht, Stacheldraht!
Kaktusstacheln schützen
die Nisthöhlen vor uner-
wünschten Eindringlingen.

Wüstennektar
Tauben trinken den Nektar
der Kaktusblüten.

Achtung, Überfall!
Schlangen lauern noch unbe-
holfenen Jungvögeln auf.

Obstteller
Eichhörnchen ernähren
sich von Samen, Früchten
und Nektar.

Wilde Tiere

Säugetiere	36
Große Vielfalt	38
Nahrung	40
Elefanten	42
Bären	44
Wale	46
Robben und Walrosse	48
Kängurus	50
Menschenaffen	52
Huftiere	54
Gnus	56
Nashörner	58
Raubkatzen	60

Säugetiere

Zu den Säugetieren gehören alle Tierarten, die ihre Jungen mit Muttermilch ernähren. Nicht nur Hunde, Katzen und die meisten unserer Haustiere sind Säugetiere – zoologisch gesehen zählt auch der Mensch dazu. Säugetiere sind Warmblüter: Ihre Körpertemperatur bleibt stets gleich, egal wie warm oder kalt es draußen ist. Die meisten Säugetiere haben vier Gliedmaßen und ein Fell. Sie kommen lebend zur Welt und bleiben bei der Mutter, bis sie gelernt haben selbst auf die Jagd zu gehen.

Gehör und Geruch
Das afrikanische Erdferkel hat einen langen Rüssel und große Ohren. Wie die meisten Säugetiere kann es ausgezeichnet riechen und hören.

Gut durch den Winter

Im Winter wird die Nahrung knapp. Um ihre Kräfte zu schonen, fallen viele Säugetiere in einen mehrmonatigen Winterschlaf. Während des Überwinterns leben sie von Fettreserven, die sie sich vor dem Winter angefressen haben.

Erste Nahrung
Kaum auf der Welt, saugen die kleinen Löwen zunächst Muttermilch. Im Alter von drei Monaten gibt es erstmals feste Nahrung.

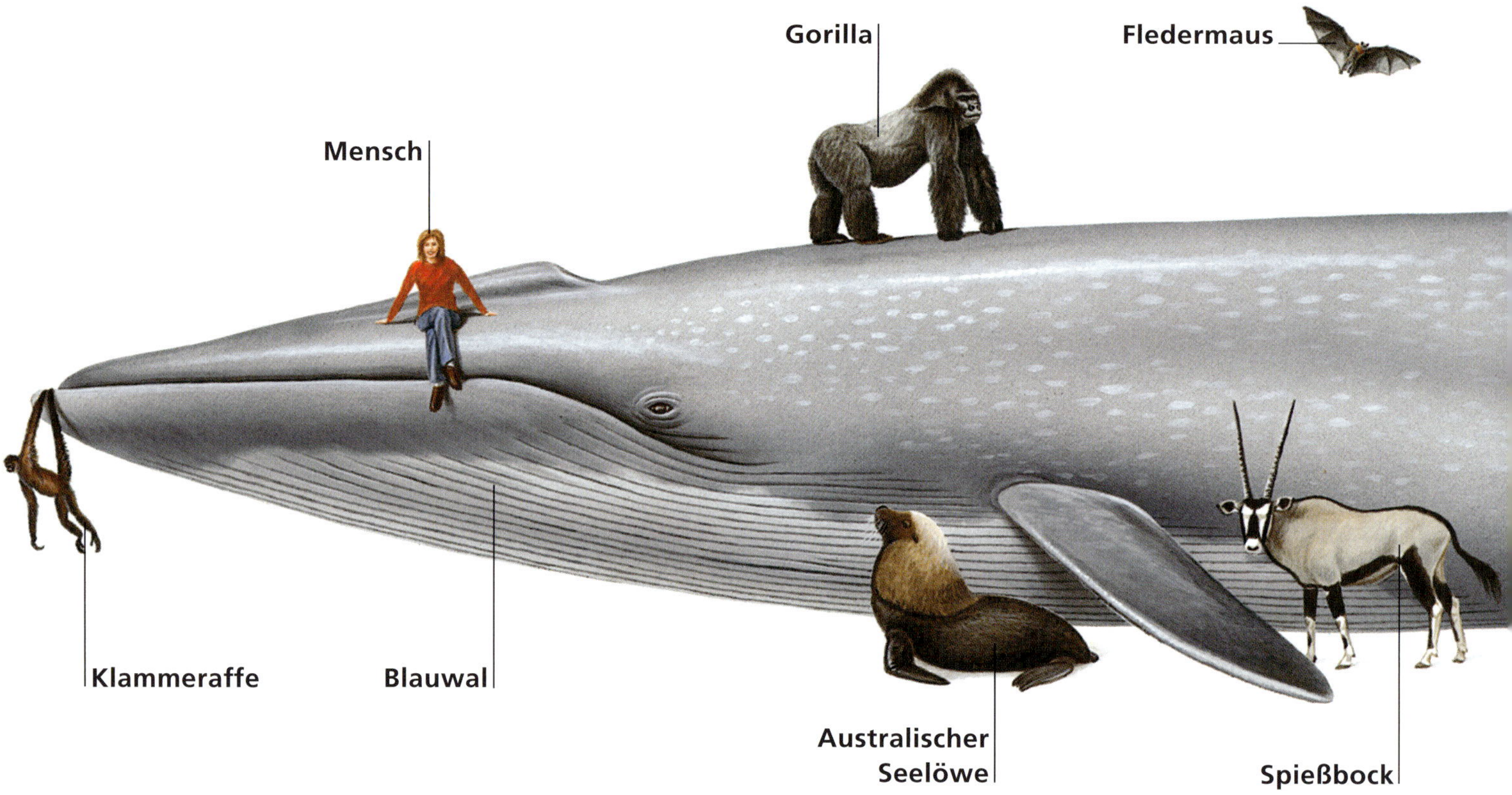

Große Vielfalt

Auf der Welt gibt es über 4000 verschiedene Arten von Säugetieren. Da sie Warmblüter sind, können sie in fast jedem Klima überleben. Sie bevölkern den Dschungel und die Wüste, aber auch Berge, Bäume oder Meere. Manche Säugetiere wie die Fledermaus können sogar fliegen! Im Lauf der Zeit haben sich die Säugetiere immer besser an ihre Umwelt angepasst und dabei die verschiedensten Körperformen und Fähigkeiten entwickelt.

Verblüffend ähnlich

Einige Säugetiere gleichen sich, obwohl sie nicht miteinander verwandt sind. So ernähren sich Schuppentiere und Ameisenigel von Insekten, die sie mit ihren langen klebrigen Zungen einfangen. Koalas und Faultiere verbringen ihr Leben auf Bäumen und bewegen sich kaum.

Filterfresser
Bartenwale haben keine Zähne, sondern Hornlamellen. Damit filtern sie die Nahrung beim Schwimmen aus dem Wasser.

Nahrung

So unterschiedlich wie die Säugetiere ist auch ihre Nahrung. Während die einen auf die Jagd gehen, ernähren sich die anderen von Aas. Die einen sind Allesfresser, andere bei der Futtersuche äußerst wählerisch. Ameisenbären fressen Termiten und einige Fledermausarten saugen Blut. Bartenwale ernähren sich von kleinen Krebsen, die man Krill nennt. Die Giraffengazelle hat sich der Wüste so gut angepasst, dass sie nicht einmal trinken muss: Ihr genügt die Feuchtigkeit in den Blättern.

Schon gewusst?

Tagsüber machen sich die Streifenhyänen über Kadaver her, die ihnen die Löwen übrig gelassen haben. Doch nachts gehen sie selbst auf Beutezug und jagen.

Elefanten

Der Elefant ist das größte Säugetier an Land. Er lebt in Familienverbänden und bildet manchmal Herden von bis zu hundert Tieren. Damit er keinen Sonnenbrand bekommt, wälzt er sich ausgiebig im Schlamm: Staub und Erde bilden eine schützende Schicht gegen die sengende Sonne. Für Abkühlung sorgen regelmäßige Bäder in einem Wasserloch. Dann saugt der Elefant mit seinem langen Rüssel Wasser an und braust sich damit ab. Der muskulöse Elefantenrüssel ist empfindsam und kräftig zugleich: Mit ihm pflückt der Elefant dünne Zweige, kann aber auch ganze Bäume ausreißen. Mit der beweglichen Rüsselöffnung kann er auch greifen und zum Beispiel Früchte aufheben, Wurzeln ausgraben und Baumrinde abreißen.

Babysitter
Beim Betreuen ihres Nachwuchses wechseln sich die Weibchen gegenseitig ab.

Schon gewusst?

Elefantenherden bestehen in der Regel aus Weibchen und ihren Jungen. Das älteste, erfahrenste Weibchen führt die Tiere an. Es gibt aber auch Bullenherden, die sich aus jüngeren Männchen zusammensetzen. Meist leben Elefantenbullen aber allein.

Wale

Wale sind im Wasser lebende Säugetiere. Der Blauwal ist das größte und schwerste Tier der Erde. Er kann bis zu 30 Meter lang werden und wiegt bis zu 140 Tonnen – so viel wie 30 große Elefanten! Anders als Fische haben die Meeressäuger keine Kiemen, sondern atmen über Lungen. Deshalb müssen sie regelmäßig auftauchen, um über das so genannte Blasloch Luft zu holen. Beim Ausatmen entsteht eine gewaltige Fontäne aus Wasser und Wasserdampf. Seit Jahrhunderten werden Wale wegen ihres Fetts und ihres Fleisches gejagt. Durch den modernen Walfang sind einige Arten bereits vom Aussterben bedroht.

Schwertwale
Schwertwale sind geschickte Jäger, die in Gruppen auf Beutefang gehen. Sie erlegen Fische, Pinguine und Robben – manchmal fallen ihnen auch kleinere Walarten zum Opfer.

Schon gewusst?

Elefantenherden bestehen in der Regel aus Weibchen und ihren Jungen. Das älteste, erfahrenste Weibchen führt die Tiere an. Es gibt aber auch Bullenherden, die sich aus jüngeren Männchen zusammensetzen. Meist leben Elefantenbullen aber allein.

Bären

Bären sind die größten und stärksten Landraubtiere. Mit Ausnahme des Eisbären sind sie Allesfresser: Neben Fleisch fressen sie auch Blätter, Wurzeln und Beeren. Die verschiedenen Bärenarten haben ihre Ernährungsgewohnheiten an ihren jeweiligen Lebensraum angepasst. Eisbären sind die größten Fleischfresser unter den Bären. Sie fressen hauptsächlich Robben, manchmal sogar kleine Wale. Auf dem Speiseplan eines Braunbären steht auch pflanzliche Nahrung. Lachs und Honig sind besondere Leckerbissen. Nicht immer ist die Anpassung an den Lebensraum von Vorteil: Da es mittlerweile immer weniger Bambuswälder gibt, ist der Pandabär in China vom Aussterben bedroht.

Schon gewusst?

Eisbären trotzen jedem Schneesturm und halten sich stundenlang im kalten Wasser auf. Damit sie nicht erfrieren, haben sie unter ihrem weißen Fell dunkle Haut, die das Sonnenlicht in Wärme umwandelt. Eine dicke Fettschicht schützt die Eisbären zusätzlich vor Kälte.

Winterschlaf

Wenn es kalt wird und zu schneien beginnt, zieht sich der Grislibär zum Überwintern in eine mit Laub ausgepolsterte Höhle zurück. Sein Winterschlaf kann bis zu sechs Monate lang dauern!

Malaienbär
Der kleinste Bär heißt Malaienbär und lebt in Südostasien. Mit seiner langen Zunge sucht er unter der Baumrinde nach Termiten.

Wale

Wale sind im Wasser lebende Säugetiere. Der Blauwal ist das größte und schwerste Tier der Erde. Er kann bis zu 30 Meter lang werden und wiegt bis zu 140 Tonnen – so viel wie 30 große Elefanten! Anders als Fische haben die Meeressäuger keine Kiemen, sondern atmen über Lungen. Deshalb müssen sie regelmäßig auftauchen, um über das so genannte Blasloch Luft zu holen. Beim Ausatmen entsteht eine gewaltige Fontäne aus Wasser und Wasserdampf. Seit Jahrhunderten werden Wale wegen ihres Fetts und ihres Fleisches gejagt. Durch den modernen Walfang sind einige Arten bereits vom Aussterben bedroht.

Schwertwale
Schwertwale sind geschickte Jäger, die in Gruppen auf Beutefang gehen. Sie erlegen Fische, Pinguine und Robben – manchmal fallen ihnen auch kleinere Walarten zum Opfer.

Tiefseetaucher
Pottwale können über 2000 Meter tief tauchen – tiefer als jedes andere Säugetier.

Harte Hauer
Die Hauer eines Walrossmännchens können stolze 100 cm lang werden. Damit durchwühlen die Tiere den Meeresboden nach Nahrung und ziehen sich wieder aufs Packeis hoch.

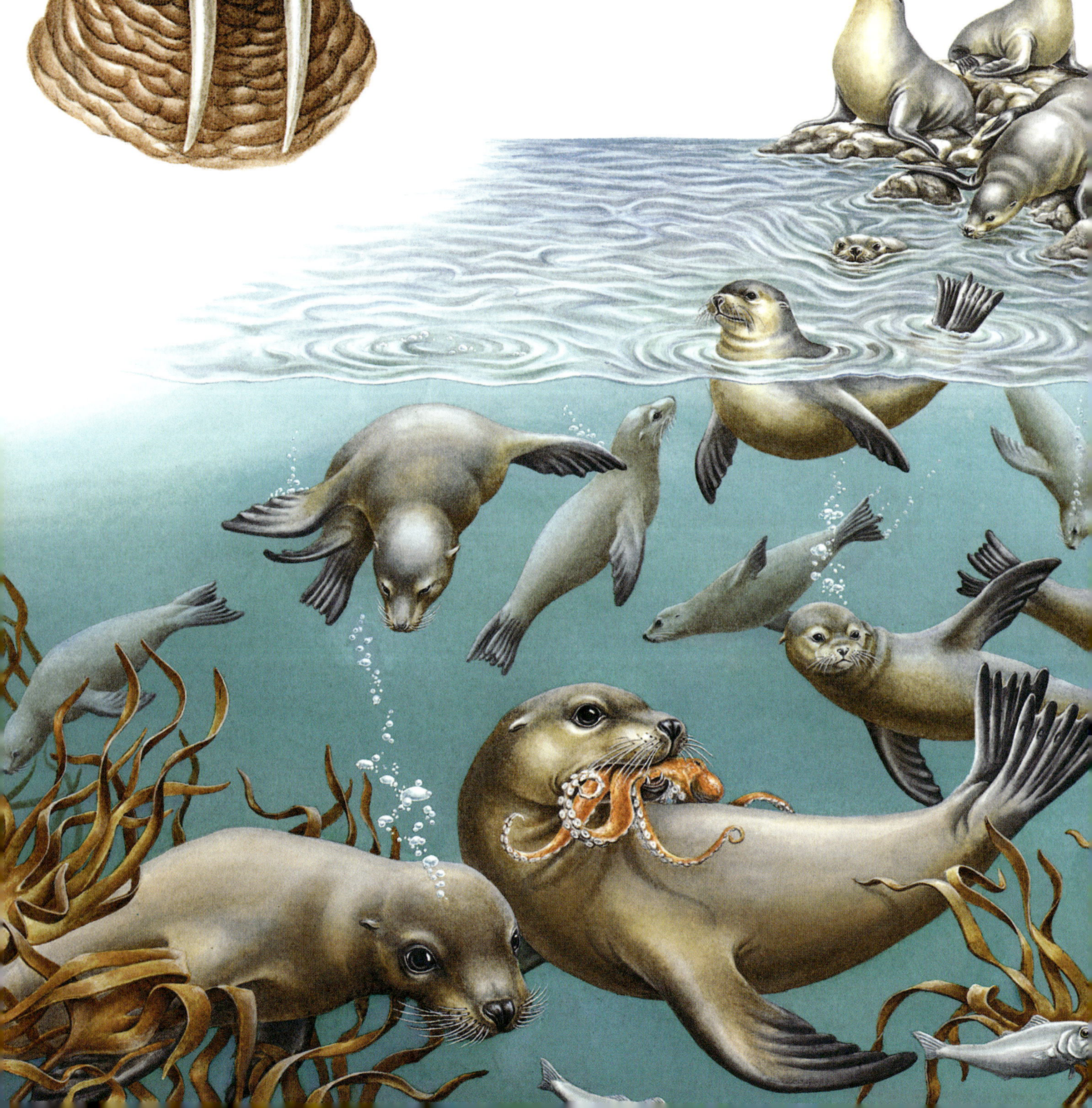

Robben und Walrosse

Während Seehunde an Land eher unbeholfen herumrobben, sind die zu den Ohrenrobben zählenden Seelöwen für Landgänge besser ausgestattet: Sie benützen ihre Hinterflossen zum Laufen. Robben und Walrosse sind ausgezeichnete Schwimmer und Taucher und ernähren sich von Krebsen, Fischen und Tintenfischen. Ihre Jungen kommen an Land zur Welt, lernen aber bereits im Alter von vier Wochen schwimmen! Eine dicke Fettschicht unter der Haut hält die Tiere im kalten Wasser warm.

Schon gewusst?

Seelöwen leben in riesigen Kolonien zusammen, die bis zu 3000 Tiere umfassen können. Zur Paarungszeit liefern sich die Männchen erbitterte Kämpfe um die Weibchen, die sie dann in Harems um sich scharen. Ein Harem kann aus bis zu 25 Weibchen bestehen.

Kängurus

Das Känguru ist ein Beuteltier. Bei diesen Tieren kommen die Jungen bereits nach einem Monat zur Welt und wachsen dann im Beutel der Mutter weiter. Während der Paarungszeit liefern sich die Kängurumännchen regelrechte Boxkämpfe, bei denen sie auch ihre Hinterbeine einsetzen. Die sind so groß und kräftig, dass die Kängurus aus dem Stand zehn Meter weit springen und eine Geschwindigkeit von bis zu 80 Kilometer die Stunde erreichen können!
Kängurus leben in den Gras- und Buschsteppen von Australien und Tasmanien. Sie ernähren sich von Gras und Blättern.

Sitzgelegenheit
Will sich das Waldkänguru aus Neuguinea ausruhen, stützt es sich mit seinem Schwanz auf der Erde ab.

Warm und sicher

Bei der Geburt ist ein Känguru nicht größer als eine Erdnuss. Danach wandert es in den Beutel seiner Mutter, wo es sich an ihrer Zitze festsaugt. Dort wächst es noch einige Monate weiter.

Von Baum zu Baum

Orang-Utans sind gute Kletterer: Mit ihren langen Armen hangeln sie sich geschickt von Baum zu Baum.

Menschenaffen

Unter Menschenaffen versteht man diejenigen Affen, die uns Menschen am ähnlichsten sind. Zu den Menschenaffenarten zählen die Schimpansen, Gorillas und Orang-Utans, aber auch die Gibbons gehören dazu. Menschenaffen zeichnen sich durch Intelligenz und Geschicklichkeit aus. Sie besitzen lange Finger, mit denen sie Gegenstände greifen und Stöcke als Werkzeuge verwenden können. Sie leben in Familienverbänden. Nachts schlafen sie auf Bäumen in Nestern aus Blättern und Zweigen. Die meisten Arten kommen in den Regenwäldern von Asien, Afrika und Südamerika vor.

Gorillas
Ein erwachsenes Männchen nennt man wegen der grauen Farbe seines Fells auch „Silberrücken".

Schon gewusst?

Schimpansen schlafen gern bequem: Wenn es Nacht wird, bauen sie sich mit Ästen und Zweigen ein Bett im Baum. Am nächsten Abend wird anderswo ein neues Schlafnest gebaut.

Huftiere

Schon vor über 100 Millionen Jahren begannen Pflanzen fressende Säugetiere das offene Grasland zu bevölkern. Ihre beste Verteidigung war die Flucht: Aus diesem Grund mussten sie schnell rennen können. Im Laufe von mehreren Millionen Jahren bildeten sie harte Hufe aus. Weil Huftiere auf den Zehenspitzen laufen, sind sie bessere Langstreckenläufer als Raubtiere. Diese treten mit der ganzen Sohle auf, wie zum Beispiel der Bär.

Dromedar: Paarhufer, zwei Zehen

Schon gewusst?

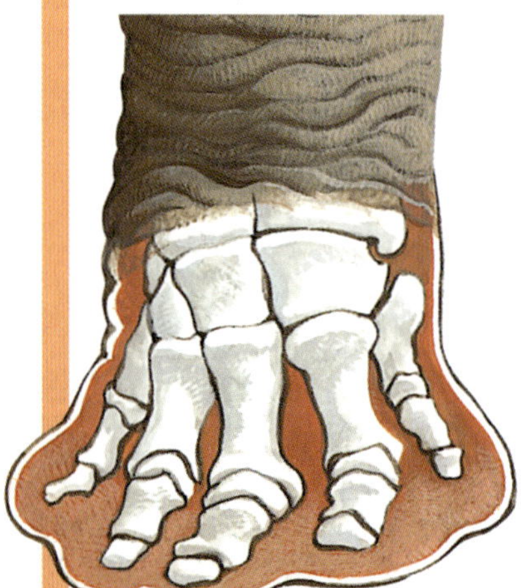

Wie wir hat der afrikanische Waldelefant fünf Zehen, zumindest an den Vorderfüßen. Die mittleren drei sind durch hufartige Nägel geschützt. An den Hinterfüßen sind es nur vier Zehen.

Wassertreter
Damit ihre empfindliche Haut nicht austrocknet, tummeln sich Flusspferde den ganzen Tag über im Wasser. Zwischen ihren Zehen befinden sich kleine Schwimmhäute.

Gnus

In der Serengeti, dem offenen Grasland Ostafrikas, leben hunderte von Gnuherden. Diese Herden können aus bis zu 10 000 Tieren bestehen. In der Trockenzeit begeben sich die Gnus auf lange Wanderungen zu neuen Weidegründen. Dabei legen sie bis zu 3000 Kilometer zurück. Eine herannahende Herde erkennt man schon von weitem durch den aufgewirbelten Staub und das Donnern der Hufe. Alte, kranke oder geschwächte Gnus werden auf den Wanderungen zu einer leichten Beute für Raubkatzen, Hyänen oder Krokodile.

Viel Nachwuchs

Bei den Gnus werden möglichst viele Kühe gleichzeitig trächtig. Wenn tausende von Kälbern auf einmal zur Welt kommen, fallen viele Raubtieren zum Opfer, der größte Teil überlebt jedoch.

Nashörner

Nach den Elefanten sind Nashörner die größten an Land lebenden Tiere. Die Dickhäuter können bis zu vier Tonnen wiegen! Nashörner sind Pflanzenfresser. Während sich das Breitmaul- und das Panzernashorn ausschließlich von Gras ernähren, knabbern die anderen Arten auch Blätter von den Bäumen. Nashörner haben einen ausgezeichneten Geruchssinn: Raubtiere können sie auf eine Entfernung von bis zu 50 Meter wahrnehmen.
Beim Kampf setzen die männlichen Nashörner ihr Horn ein. Wenn es abbricht, wächst ein neues Horn nach. In manchen Gegenden Afrikas sägt man den Tieren zum Schutz vor Wilderern die Hörner ab. Das tut ihnen nicht weh.

Vom Aussterben bedroht
Von fünfzig verschiedenen Nashornarten gibt es heute nur noch fünf. Breit- und Spitzmaulnashorn leben in Afrika, die drei anderen Arten in Asien.

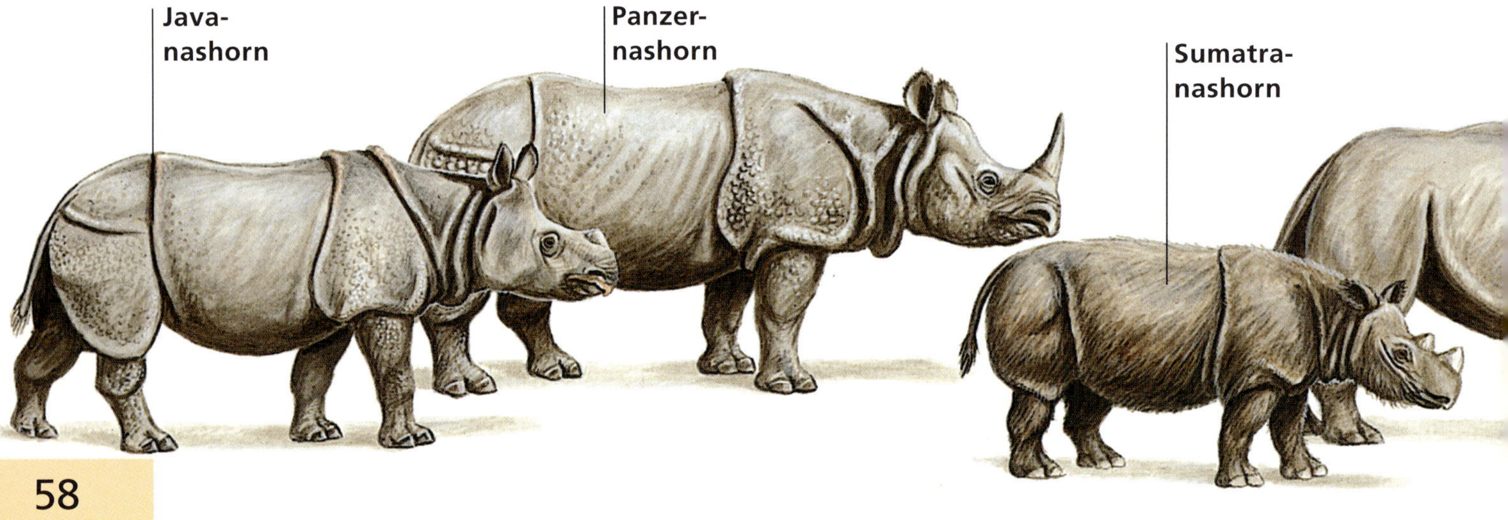

Spitzmaulnashorn
Spitzmaul-
nashorn
Breitmaul-
nashorn

Raubkatzen

Tiger und Löwen gehören zu den etwa 40 Arten wilder Katzen. Die meisten leben in den tropischen Wäldern und Savannen in Afrika, Asien und Südamerika. Raubkatzen ernähren sich fast ausschließlich von Fleisch und sind ausgezeichnete Jäger. Erst schleichen sie sich lautlos an ihr Opfer heran, um es dann mit ihren spitzen Fangzähnen zu packen und zu Boden zu drücken. Anschließend töten sie es durch einen gezielten Biss in Nacken oder Kehle. Zerteilt wird das Fleisch mit den Reißzähnen. Der größte Feind der Raubkatzen ist der Mensch. Wegen ihres prächtigen Fells hat er sie beinahe ausgerottet.

Großkatzen
Tiger zählen zu den größten Katzen überhaupt. Der Sibirische Tiger wird beinahe drei Meter lang und wiegt bis zu 300 Kilogramm!

Auf die Plätze, fertig, los!
Über kurze Distanzen ist der Gepard das schnellste Tier an Land. Beim Sprinten benutzt er seine Krallen wie Spikes.

Schon gewusst?

Löwen sind die einzigen Katzen, die in Rudeln zusammenleben. Ein Rudel besteht aus bis zu vier Männchen und mehreren Weibchen. Diese sind für die Nahrungsbeschaffung zuständig.

Wale und Delfine

Was ist ein Wal? 64

Barten- und Zahnwale 66

Die Organe eines Wals 68

Groß und klein 70

Kopfformen und Zähne 74

Echoortung 76

Auf Fischfang 78

Der Blas 82

Flossen und Fluken 84

Große Sprünge 66

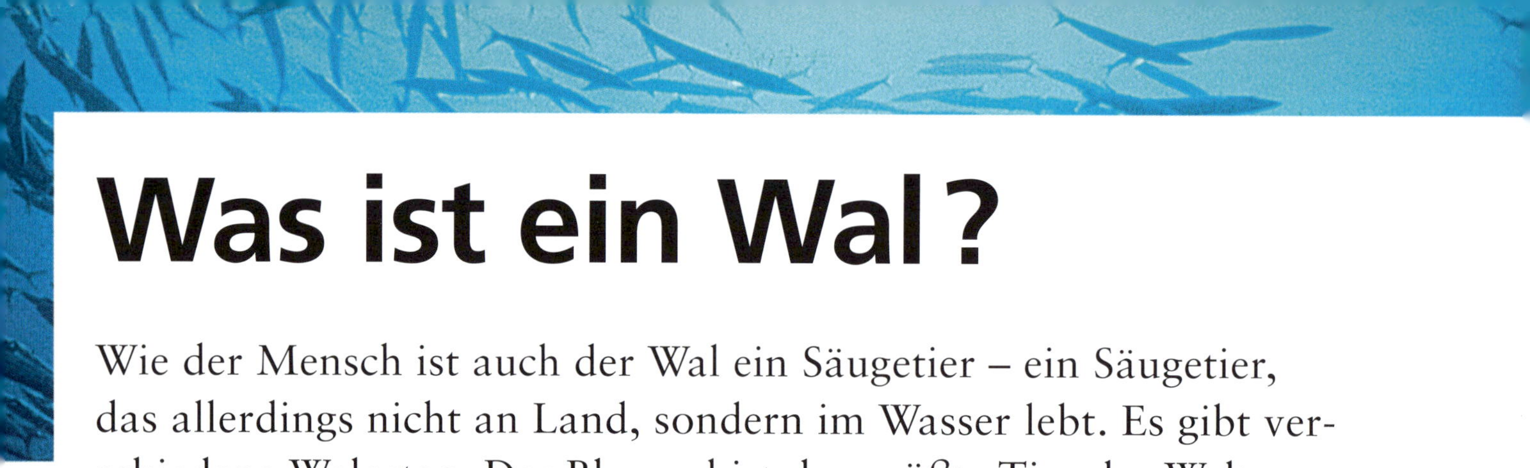

Was ist ein Wal?

Wie der Mensch ist auch der Wal ein Säugetier – ein Säugetier, das allerdings nicht an Land, sondern im Wasser lebt. Es gibt verschiedene Walarten. Der Blauwal ist das größte Tier der Welt. Aber es gibt auch kleine Walarten, zum Beispiel den Schweinswal und den Zwergwal. Delfine und Tümmler zählen ebenfalls zur Familie der Wale. Wale gibt es schon seit Millionen von Jahren. Hier einige ihrer Vorfahren:

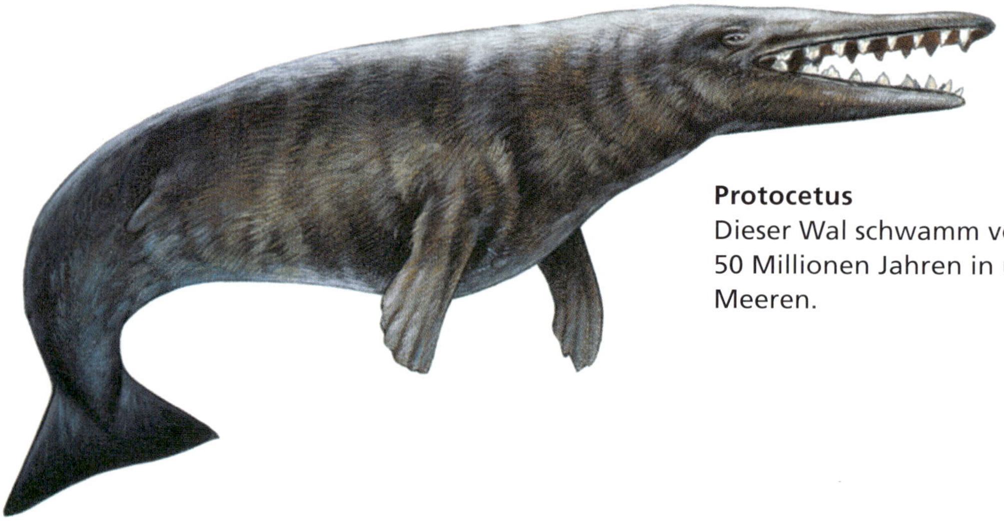

Protocetus
Dieser Wal schwamm vor etwa 50 Millionen Jahren in unseren Meeren.

Mesonyx
Manche Wissenschaftler halten dieses an Land lebende Säugetier für den eigentlichen Vorfahren der Wale.

Mammalodon
Dieser Wal hatte große, spitze Zähne.

Urwale
Wale wie dieser wurden etwa fünf Meter lang.

SCHON GEWUSST?

1851 schrieb der Amerikaner Herman Melville den Roman „Moby Dick", der von einem gefürchteten weißen Wal handelt. Durch dieses Buch wurde er weltberühmt.

Barten- und Zahnwale

Die Wale lassen sich in zwei Gruppen unterteilen – in Zahnwale, die sich hauptsächlich von Fischen ernähren, und in Bartenwale. Blauwale, Glattwale, Zwergwale und Buckelwale sind Bartenwale. Zu den Zahnwalen gehören unter anderem der Pottwal, der Schwertwal und der Delfin. Bartenwale haben keine Zähne, sondern lange Hornlamellen, die von ihrem Oberkiefer herabhängen. Mit diesen so genannten Barten filtern sie beim Schwimmen winzig kleine Fische und Krabben aus dem Wasser.

Bartenwale

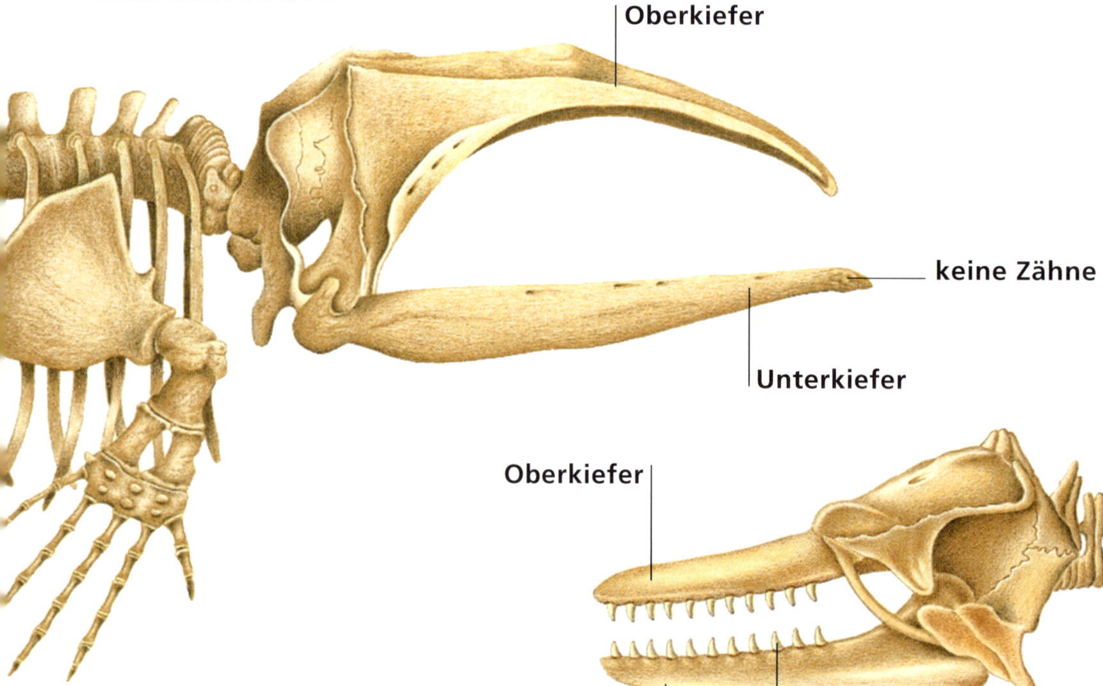

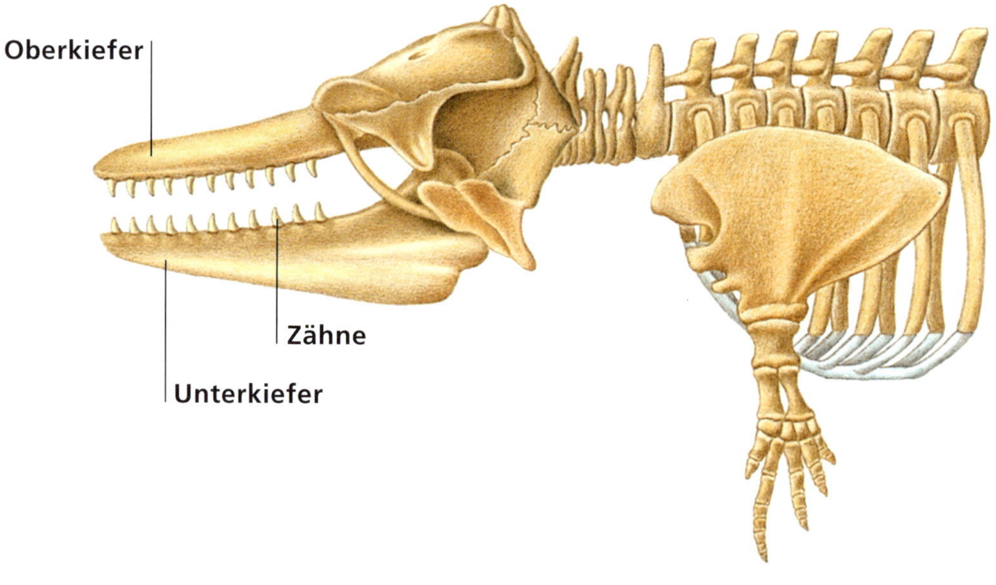

Zahnwale

Bartenwale

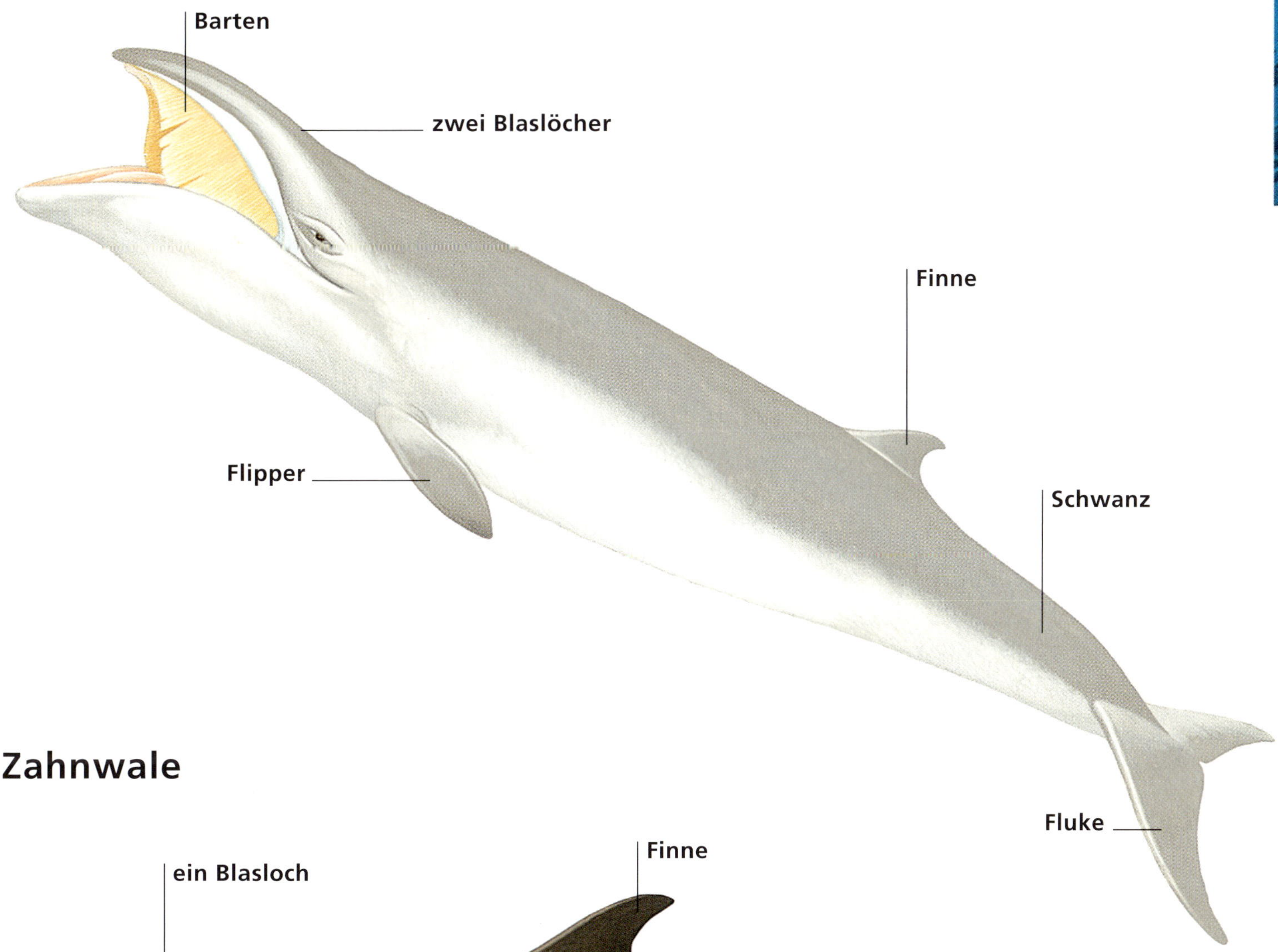

Zahnwale

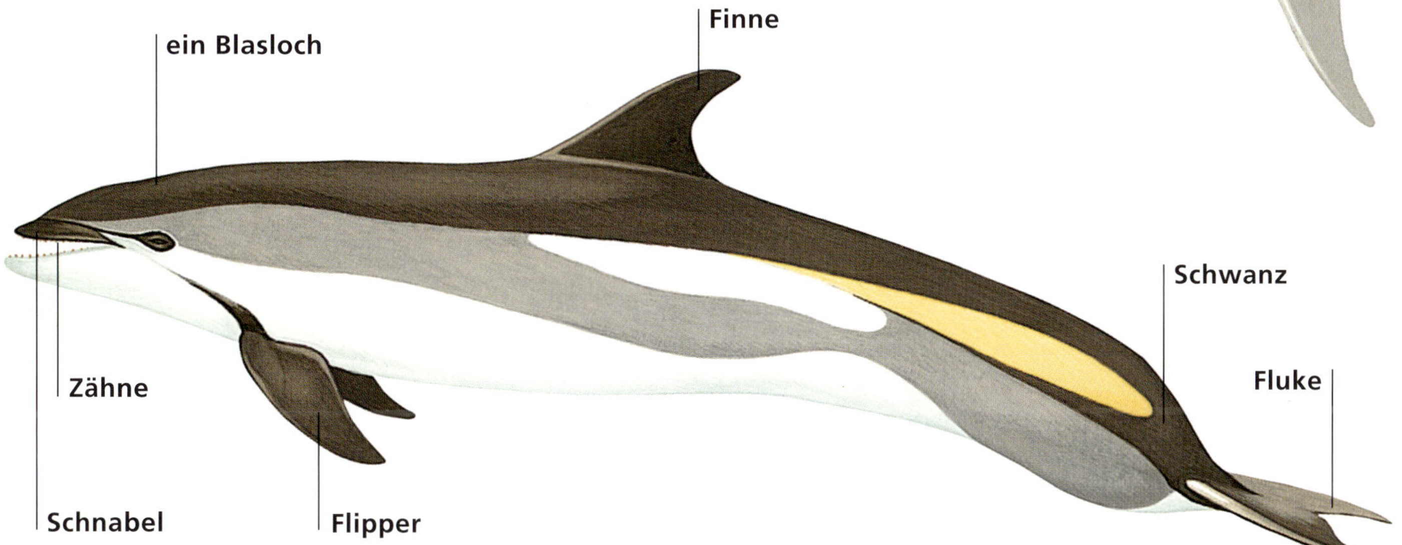

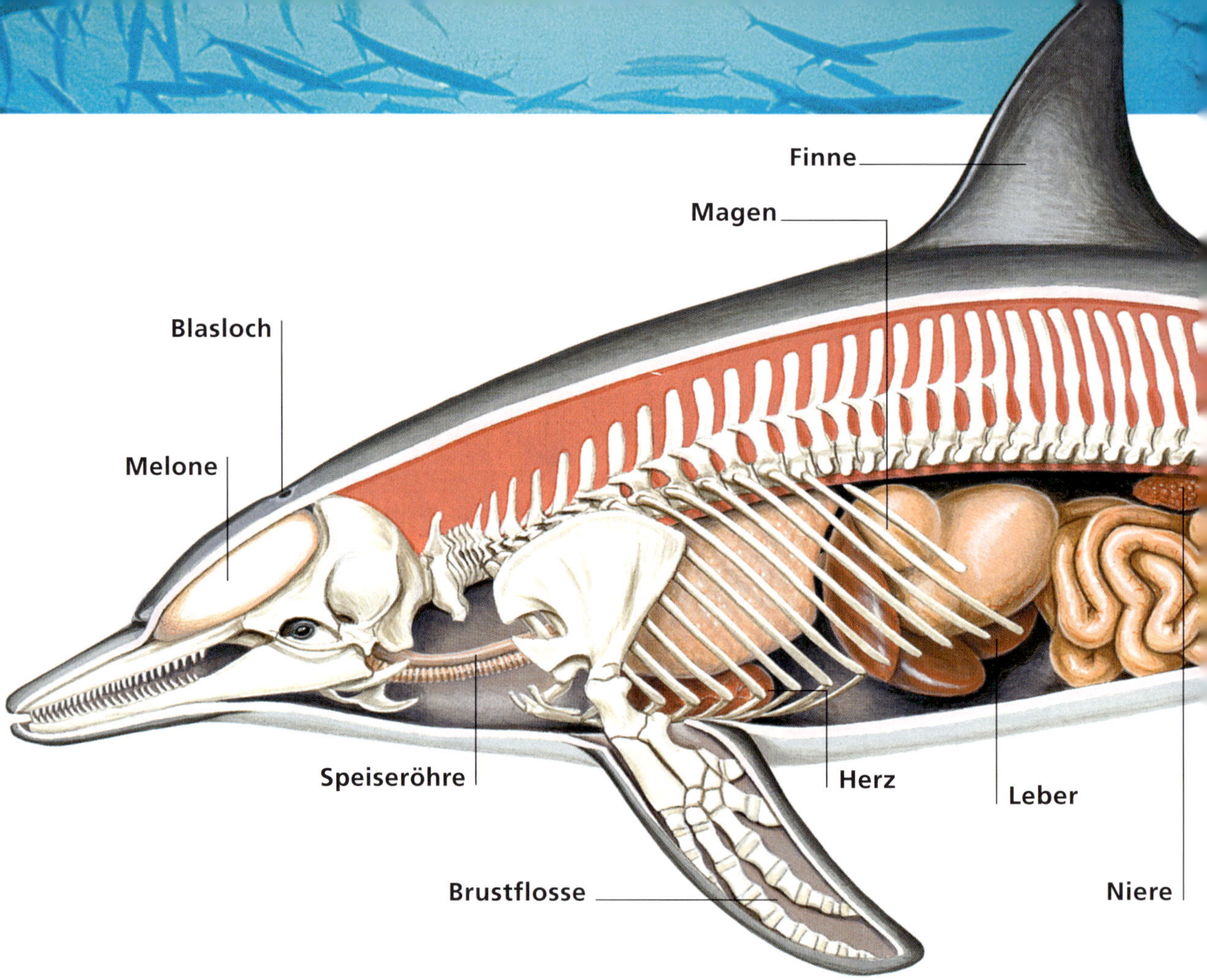

Die Organe eines Wals

Wie der Mensch hat auch der Wal innere Organe wie Herz, Leber, Darm und Nieren. Ein stabiles Rückgrat und ein kräftiger Brustkorb sorgen dafür, dass sie gut geschützt sind. In den Flossen verbergen sich Fingerknochen. Um Luft holen zu können, haben Wale eine Lunge. Die Größe der Organe ist erheblich: Der Darm kann 250 Meter lang sein, das Gehirn acht Kilogramm und ein Zahn bis zu ein Kilogramm wiegen.

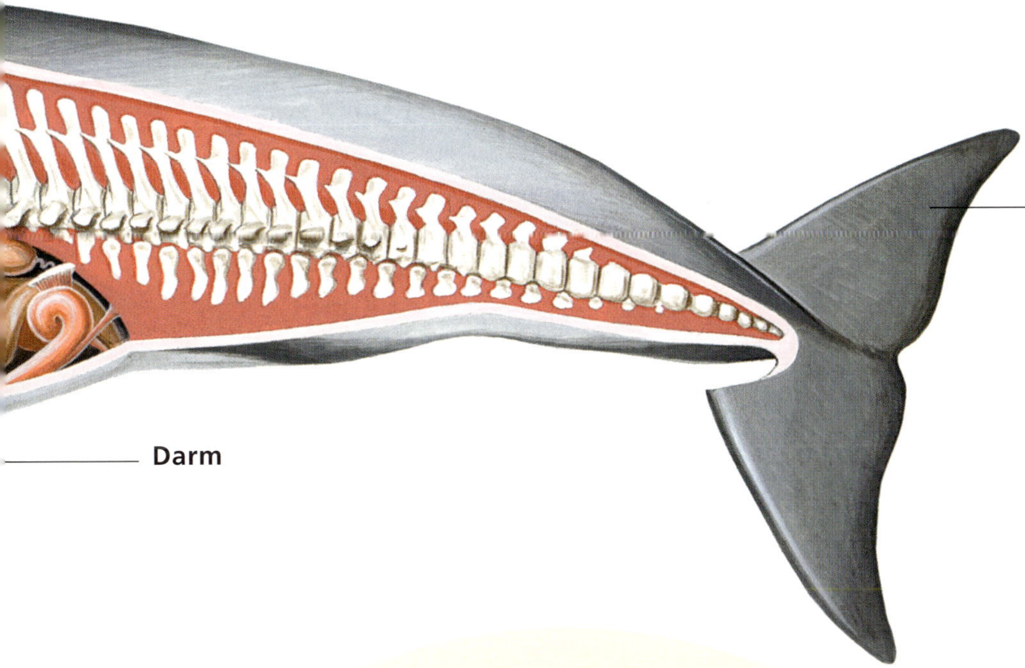

SCHON GEWUSST?

Belugawale „singen“. Wissenschaftler vermuten, dass sie die merkwürdigen Geräusche in der Melone erzeugen. Diese kuppelartige Ausbeulung bündelt die Schallwellen.

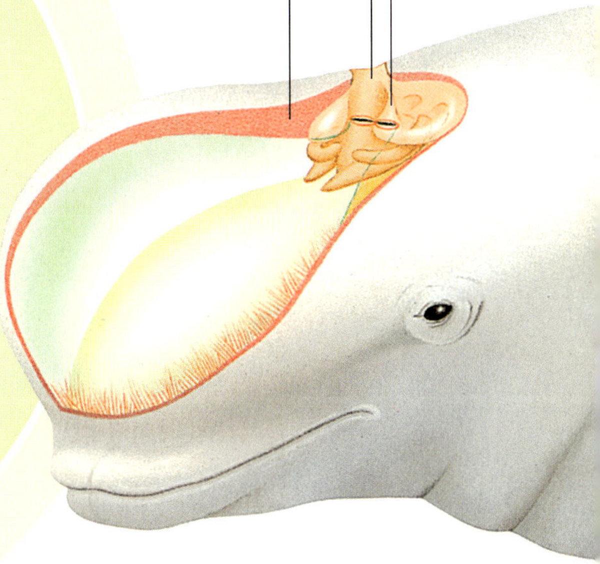

Groß und klein

Wale gibt es in allen möglichen Größen: Ein ausgewachsener Blauwal kann bis zu 30 Meter lang und 150 Tonnen schwer werden. Somit ist der Blauwal das größte Lebewesen auf der Welt.

Baby-Blauwal

Riesenbaby
Kurz nach der Geburt wiegt ein Blauwal bereits halb so viel wie ein ausgewachsener Afrikanischer Elefant.

Afrikanischer Elefant

Erwachsene

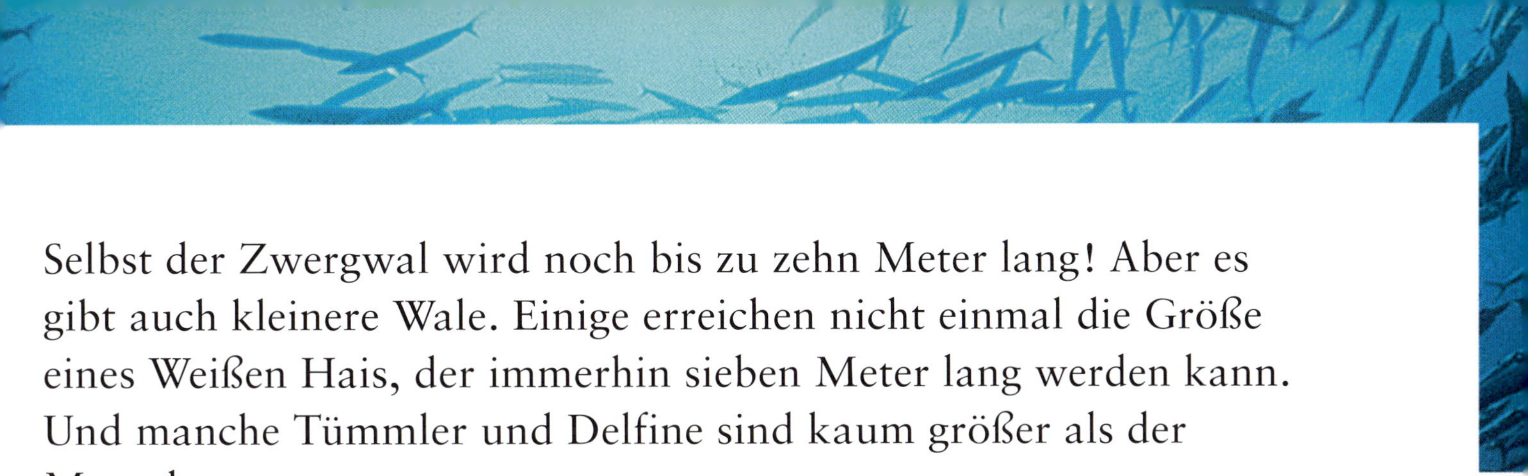

Selbst der Zwergwal wird noch bis zu zehn Meter lang! Aber es gibt auch kleinere Wale. Einige erreichen nicht einmal die Größe eines Weißen Hais, der immerhin sieben Meter lang werden kann. Und manche Tümmler und Delfine sind kaum größer als der Mensch.

SCHON GEWUSST?

Der Pottwal hat das größte Gehirn überhaupt. Sein riesiger, kastenförmiger Kopf beherbergt ein Gehirn, das sechsmal so schwer ist wie das durchschnittliche Gehirn eines Menschen.

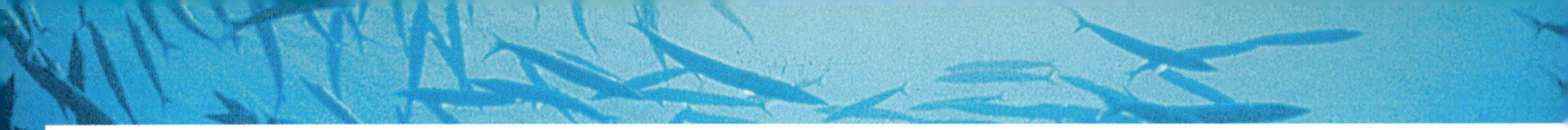

Ein Blauwal ist fünfmal so groß wie ein Belugawal. Doch Wale unterscheiden sich nicht nur durch ihre Größe voneinander.
Es gibt Wale mit sehr unterschiedlichem Körperbau und in unterschiedlichen Farben.

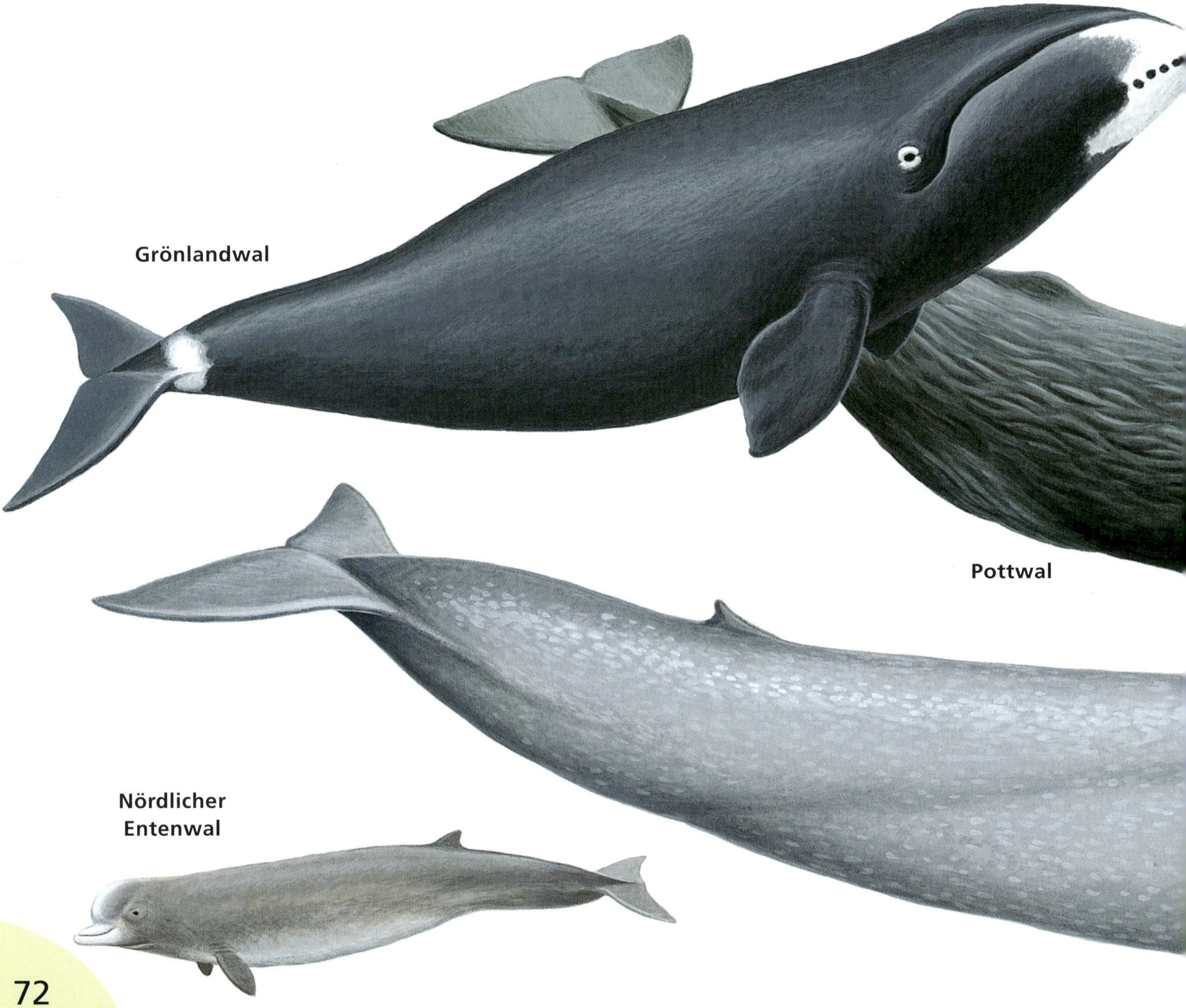

Grauwal
Belugawal
Buckelwal
Schwertwal
Blauwal

Kopfformen und Zähne

Je nachdem, zu welcher Walfamilie das Tier gehört, hat es eine andere Kopfform und andere Zähne. Der Delfin zum Beispiel hat deutlich sichtbare Zähne in Ober- und Unterkiefer. Der Pottwal hat nur im Unterkiefer Zähne. Glatt- und Furchenwal sind Bartenwale: Sie filtern ihre Nahrung mit den Barten aus dem Wasser. Barten sind Hornplatten mit steifen Borsten, die vom Oberkiefer herabhängen. Der Kopf des Glattwals ist fast immer mit winzigen Krebsen, Seepocken genannt, bewachsen.

Glattwal

Furchenwal

SCHON GEWUSST?

Das Narwal-Männchen hat einen ganz besonders langen Zahn, der aus seinem Oberkiefer wächst. Er sieht aus wie ein Einhorn, ist wie eine Spirale gewunden und kann bis zu zwei Meter lang werden!

Pottwal

Großer Tümmler

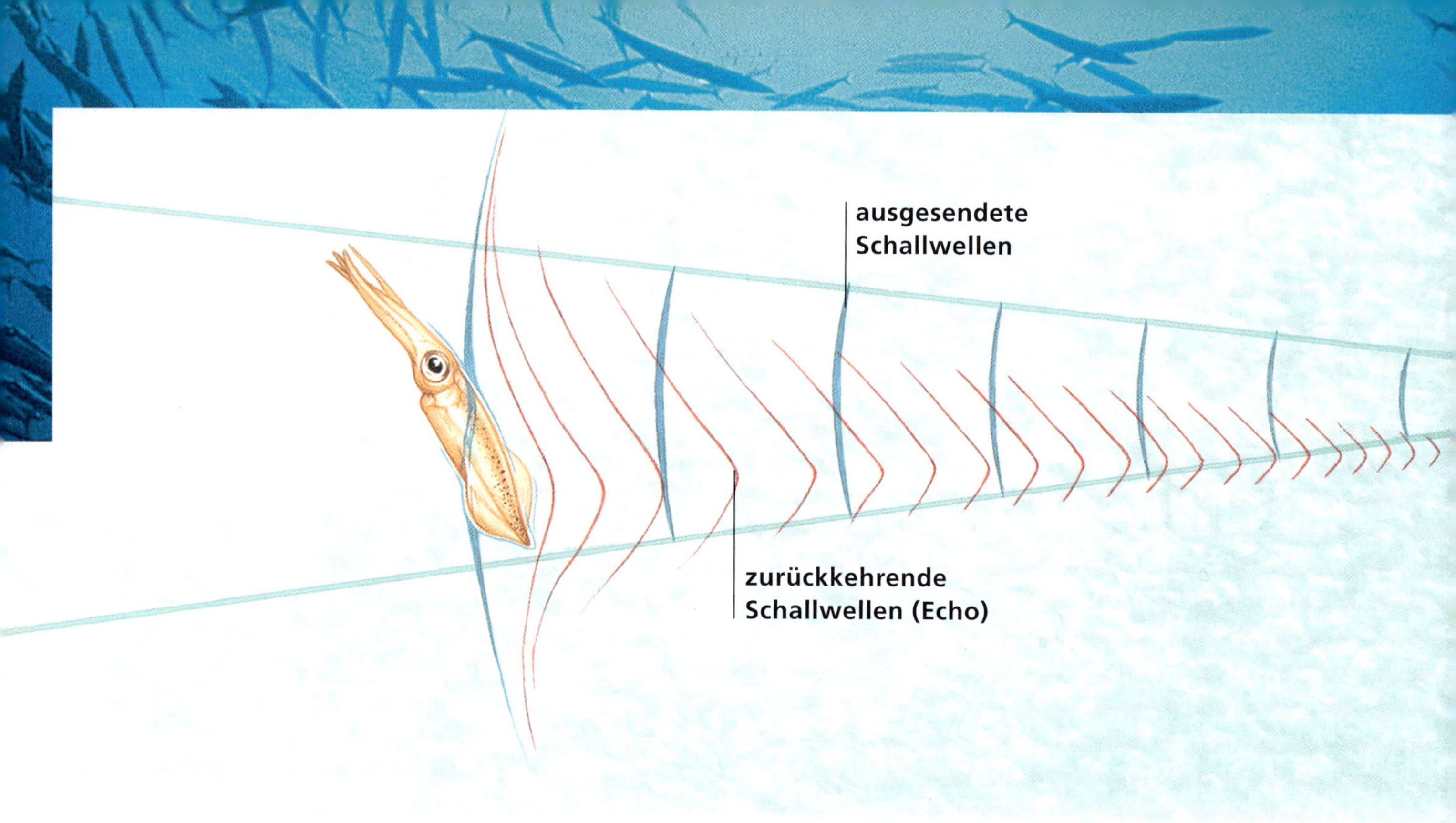

Echoortung

Zahnwale gehen im tiefen, trüben Wasser auf Fischfang, wo so gut wie kein Licht mehr hinkommt. Damit sie ihre Beute trotzdem entdecken können, machen sie beim Schwimmen mehrere klickende Geräusche hintereinander. Treffen die Schallwellen auf einen Fisch, werden sie zum Wal zurückgeworfen wie ein Echo. Je nachdem, wie lange das dauert, weiß der Wal, in welcher Entfernung sich der Fisch befindet. Dieses System nennt man Echoortung. Man nimmt an, dass Zahnwale ihre Beute durch die Schallwellen sogar betäuben können.

SCHON GEWUSST?

Mit Hilfe von Ultraschalltönen können Delfine Gegenstände auffinden, die bis zu 750 Meter von ihnen entfernt sind! Die Töne werden von Gegenständen, aber auch von Beutetieren zurückgeworfen.

Auf Fischfang

Obwohl Bartenwale so groß sind, fressen sie nur winzig kleine Fische und Krabben, die man Krill nennt. Entdeckt der Bartenwal eine Krillschule, öffnet er einfach nur sein Maul und schwimmt direkt darauf zu. Er öffnet sein Maul, lässt das Wasser einströmen und schließt es wieder. Das Wasser wird anschließend herausgepresst und der Krill bleibt in den Barten hängen. Es gibt Wale, die an der Wasseroberfläche auf Fischfang gehen, andere fischen in tieferen Schichten. Der Grauwal etwa frisst am Boden lebende Krebse, Borstenwürmer und andere Kleintiere.

Auf Tauchstation
Kiloweise Krill schwimmt diesem Buckelwal bei seinem Tauchgang ins Maul.

Blasennetz

Buckelwale erzeugen eine Art kreisrunden Vorhang aus lauter Luftbläschen, in dem sie ihre Beute, meist Heringe, einschließen. Wenn genügend Fische im „Netz“ sind, stoßen die Wale von unten durch das Netz nach oben und schlucken dabei einen Teil der Fische.

Anders als Bartenwale, fressen Zahnwale in der Regel einen Fisch nach dem anderen. Sie ernähren sich von größeren Fischen, zum Beispiel von Kabeljau, Tunfisch oder Seeteufel, und anderen Meerestieren. Viele Zahnwale nutzen ihre Zähne vor allem für den Fischfang. Haben sie ihre Beute erst einmal erwischt, schlucken sie sie auf einmal hinunter, ohne zu kauen. Schwertwale können sogar aus dem Wasser springen und Robben erbeuten, die sich am Strand oder auf einem Felsen ausruhen.

SCHON GEWUSST?

Der Ganges-Flussdelfin stöbert mit einer seiner Flossen auf dem Grund des Flusses nach Beute. Wenn er sie aufgescheucht hat, lässt er seinen langen, schmalen Schnabel mit den spitzen Zähnen zuschnappen.

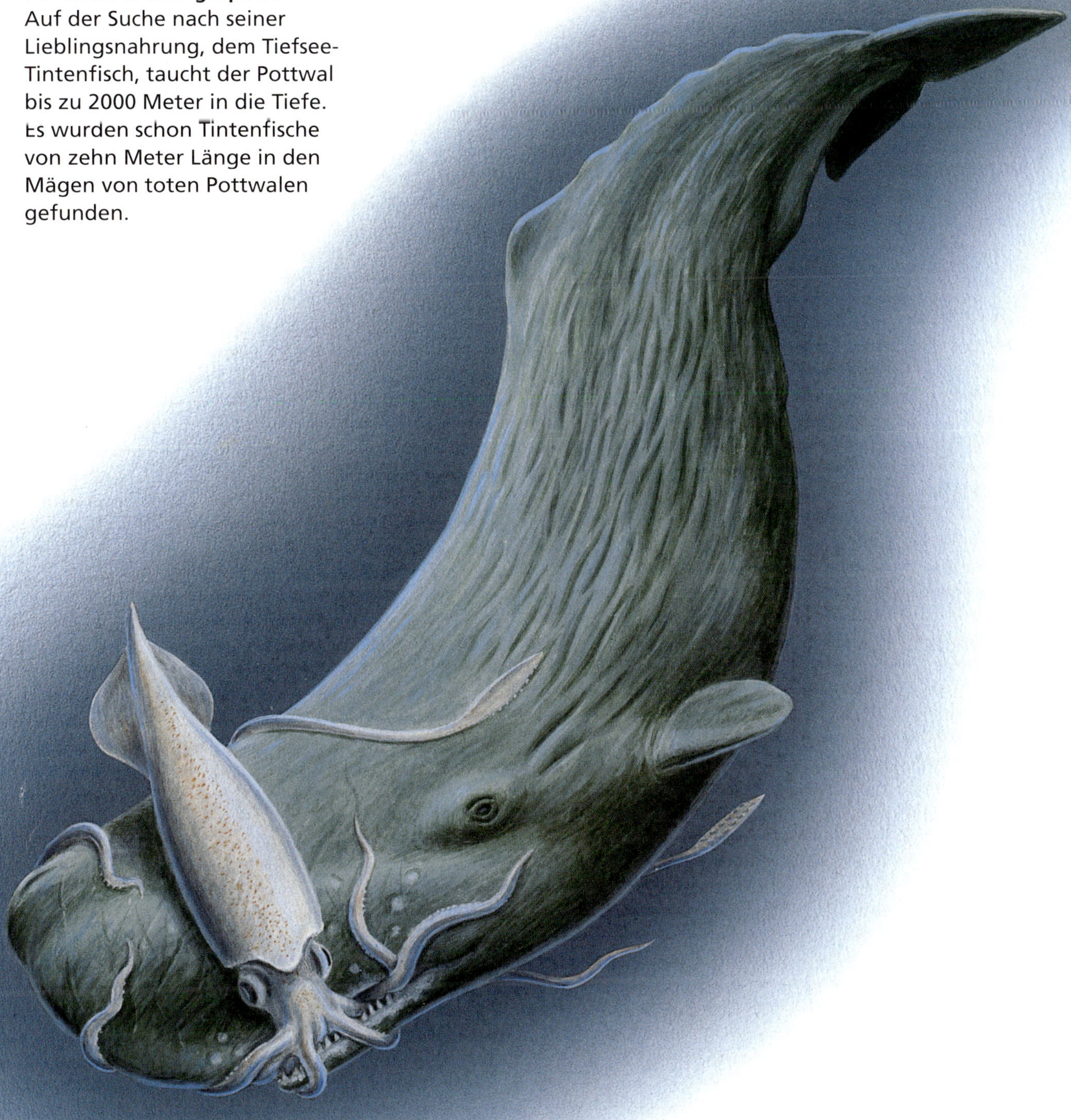

Pottwals Lieblingsspeise
Auf der Suche nach seiner Lieblingsnahrung, dem Tiefsee-Tintenfisch, taucht der Pottwal bis zu 2000 Meter in die Tiefe. Es wurden schon Tintenfische von zehn Meter Länge in den Mägen von toten Pottwalen gefunden.

Pottwal

Glattwal

Finnwal

Welcher Wal ist das?
Viele Wale kann man schon an ihrem Blas erkennen. Am leichtesten lässt sich der Pottwal unterscheiden. Sein Blas ist stets schief seitlich nach vorn gerichtet.

Der Blas

Wale leben zwar im Meer, aber wie jedes Säugetier müssen auch sie atmen. Pottwale können bis zu zwei Stunden unter Wasser bleiben ohne zum Atmen aufzutauchen. Meist kommen Wale etwa alle 20 Minuten zum Einatmen an die Wasseroberfläche. Wenn der Wal auftaucht, um auszuatmen, bläst er eine Wolke weißen Wasserdampf aus den Blaslöchern. Dieser so genannte Blas ist bei großen Walen weithin zu sehen.

Buckelwal

Blasrekord
Keiner prustet so kräftig wie der Blauwal: Sein Blas ist mit bis zu zwölf Meter der größte.

Zwei Blaslöcher

Bartenwale wie der Buckelwal haben zwei Blaslöcher. Aus diesem Grund versprühen sie beim Ausatmen eine besonders breite Wolke aus Wasserdampf.

Flossen und Fluken

Jeder Wal hat zwei Brustflossen, die auch Flipper genannt werden. Mit ihnen steuert er und bestimmt so die Schwimmrichtung. Der Schwanz eines Wals läuft in zwei breiten, flachen Flossen aus. Die Schwanzflosse nennt man Fluke. Indem sie der Wal mit seinen kräftigen Muskeln nach oben oder unten drückt, bewegt er sich fort. Die meisten Wale besitzen außerdem noch eine Flosse auf dem Rücken. Diese Rückenflosse wird auch Finne genannt. An den Flunken und Finnen kann man die Walarten voneinander unterscheiden.

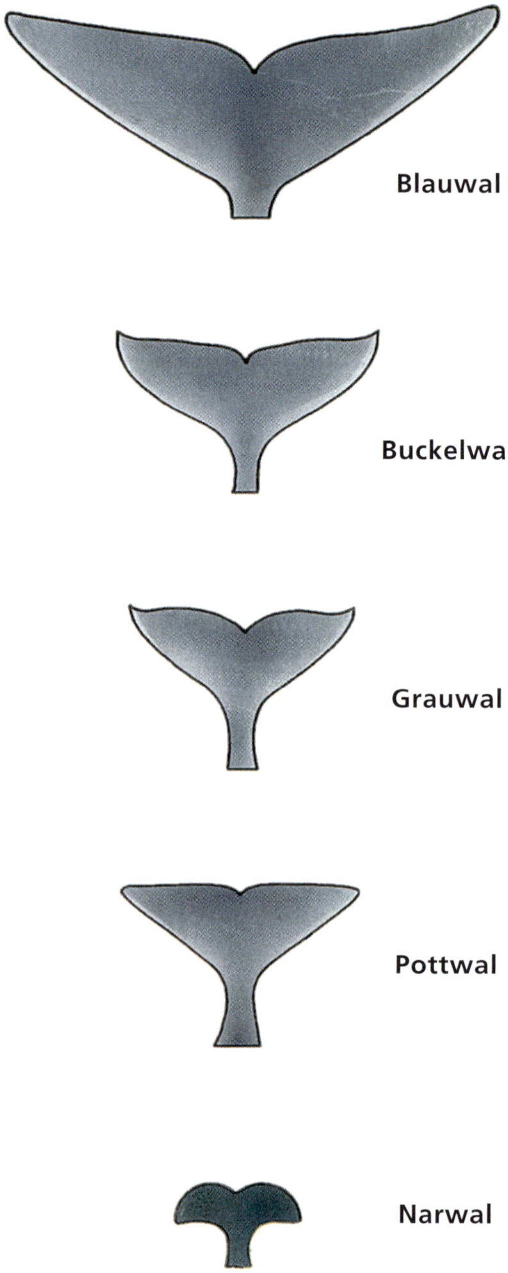

Verschiedene Schwanzfluken
Je größer der Wal, desto größer die Schwanzfluke. Um das Gewicht des Tieres durch das Wasser zu stemmen, muss sie groß und kräftig sein.

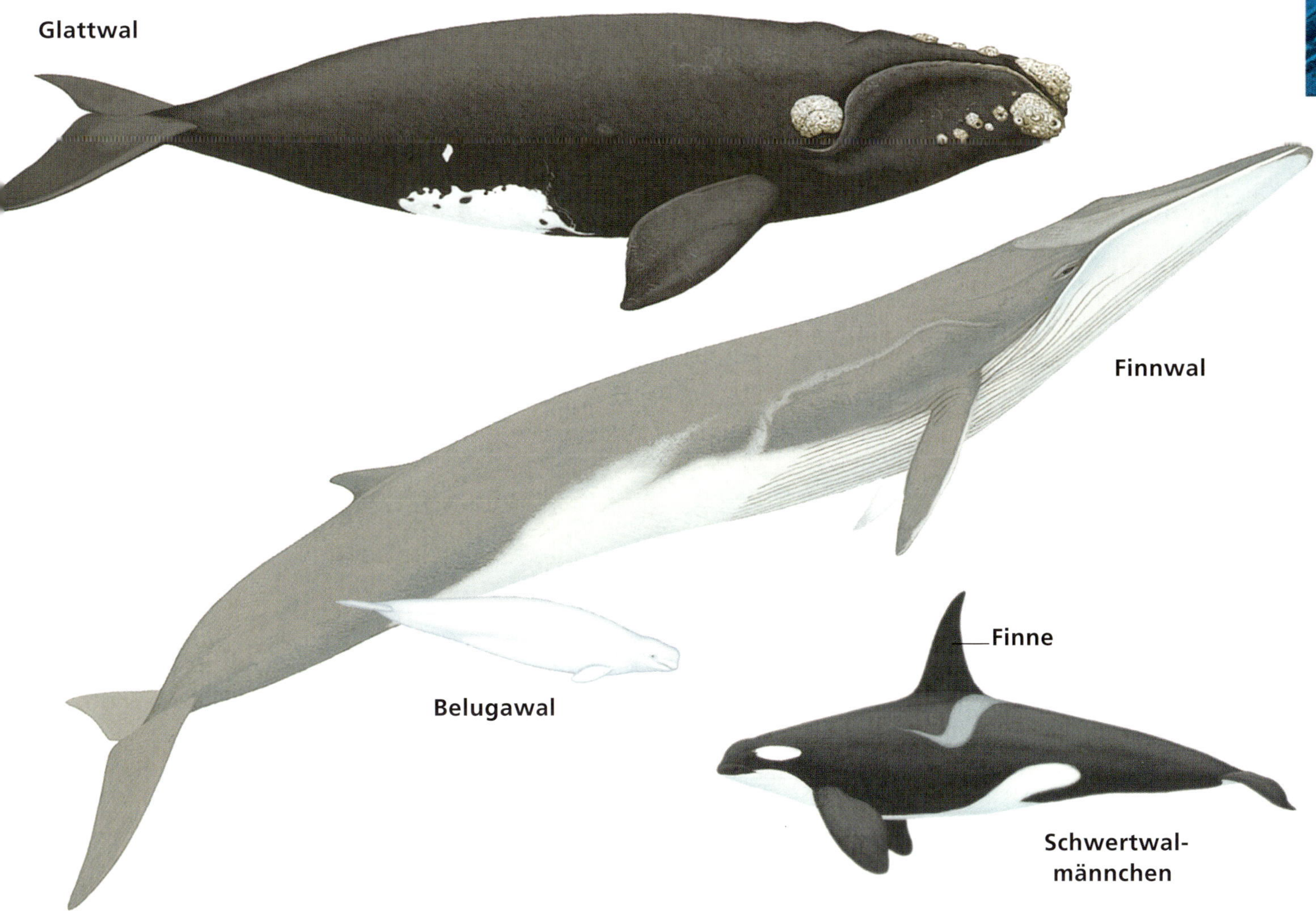

Flossenvielfalt
Achte auf die unterschiedlichen Größen und Formen der Walflossen! Bei Glattwalen fehlt die Finne (Rückenflosse).

Große Sprünge

Wale springen häufig aus dem Wasser. Warum sie das tun, weiß man nicht genau. So springen zum Beispiel Buckelwale besonders häufig während der Paarungszeit. Manchmal versuchen sich die Männchen durch besonders akrobatische Sprünge gegenseitig zu überbieten. Viele Forscher glauben, dass sich die Wale mit ihren Sprüngen untereinander verständigen, sich von Parasiten säubern oder auf der Jagd sind. Aber genauso gut kann es sein, dass sie einfach nur zum Spaß im Wasser toben!

Riesige Akrobaten
Ein springender Buckelwal klatscht laut auf der Wasseroberfläche auf. Meist bleibt es nicht bei einem Sprung: Richtige Akrobaten machen gleich eine ganze Serie von Luftsprüngen.

Lautes Winken
Buckelwale legen sich häufig auf die Seite, strecken eine Brustflosse in die Luft und klatschen damit laut auf die Wasseroberfläche. Auf diese Art und Weise verständigen sie sich wahrscheinlich mit ihren Artgenossen.

Warnsignal
Wenn Wale ihre Fluken aus dem Wasser strecken, wollen sie nicht, dass man sich ihnen nähert. Das gilt natürlich auch für Menschen!

Gemeinsam stark
Fraser-Delfine leben in den warmen Gewässern rund um Borneo. Hier tun sie sich zu hunderten zusammen.

Wie der Mensch ist auch der Wal nicht gern allein. Immer wieder kann man größere Gruppen Wale beobachten, die gemeinsam auf Nahrungssuche gehen und dabei große Strecken zurücklegen. Auch Delfine sind sehr soziale Tiere: Meist sieht man einen nach dem anderen durchs Wasser schnellen. Am leichtesten lassen sich die großen Tümmler beobachten, da sie in Küstennähe leben.

Springen statt schwimmen
Wenn Delfine schwimmmen, machen sie viele kleine Sprünge durchs Wasser. So kommen sie schneller voran.

Kopfsprung
Dunkle Delfine springen gerade aus dem Wasser und tauchen mit dem Kopf voran wieder ein.

Haie und Rochen

Was sind Haie? 92

Haiarten 94

Rochenarten 98

Wie groß können Haie werden? 100

Wo Haie leben 102

Körperformen 104

Die Organe des Hais 106

Sinnesorgane 108

Atmung 110

Ein mächtiges Gebiss 112

Wenn Haie angreifen 114

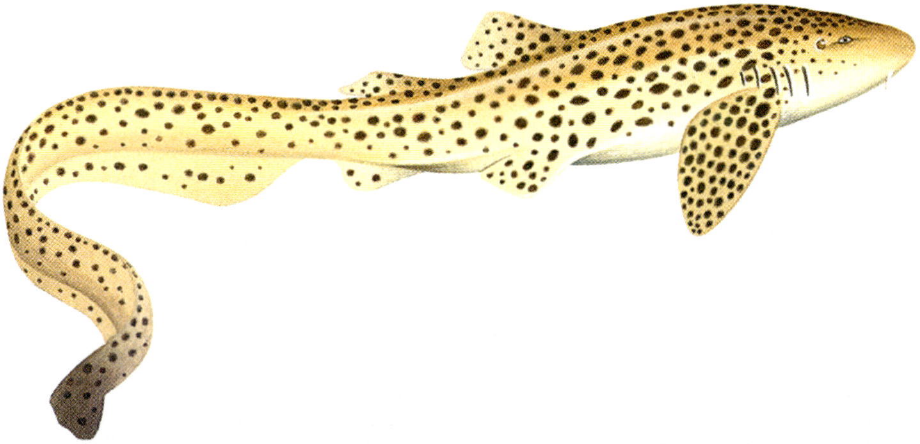

Was sind Haie?

Die meisten Fische haben ein Skelett aus Knochen. Bei Haien und Rochen ist das anders: Ihr Skelett besteht aus Knorpel. Fass mal an deine Nasenspitze: Die besteht auch aus Knorpel. Viele Menschen haben Angst vor Haien, obwohl sie normalerweise keine Gefahr für Schwimmer und Taucher darstellen. Im Gegenteil – es ist der Mensch, der die Haie in großer Zahl vernichtet.

Ein typischer Hai

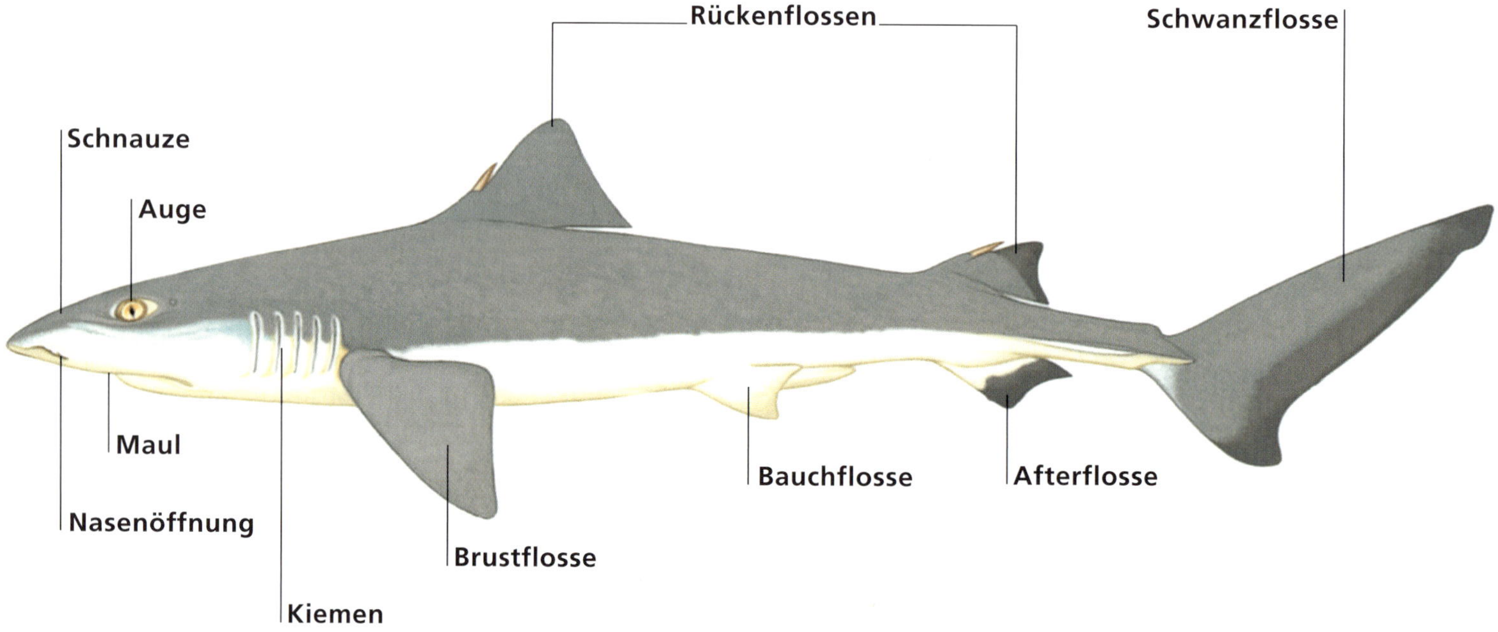

Ein Rochen von oben

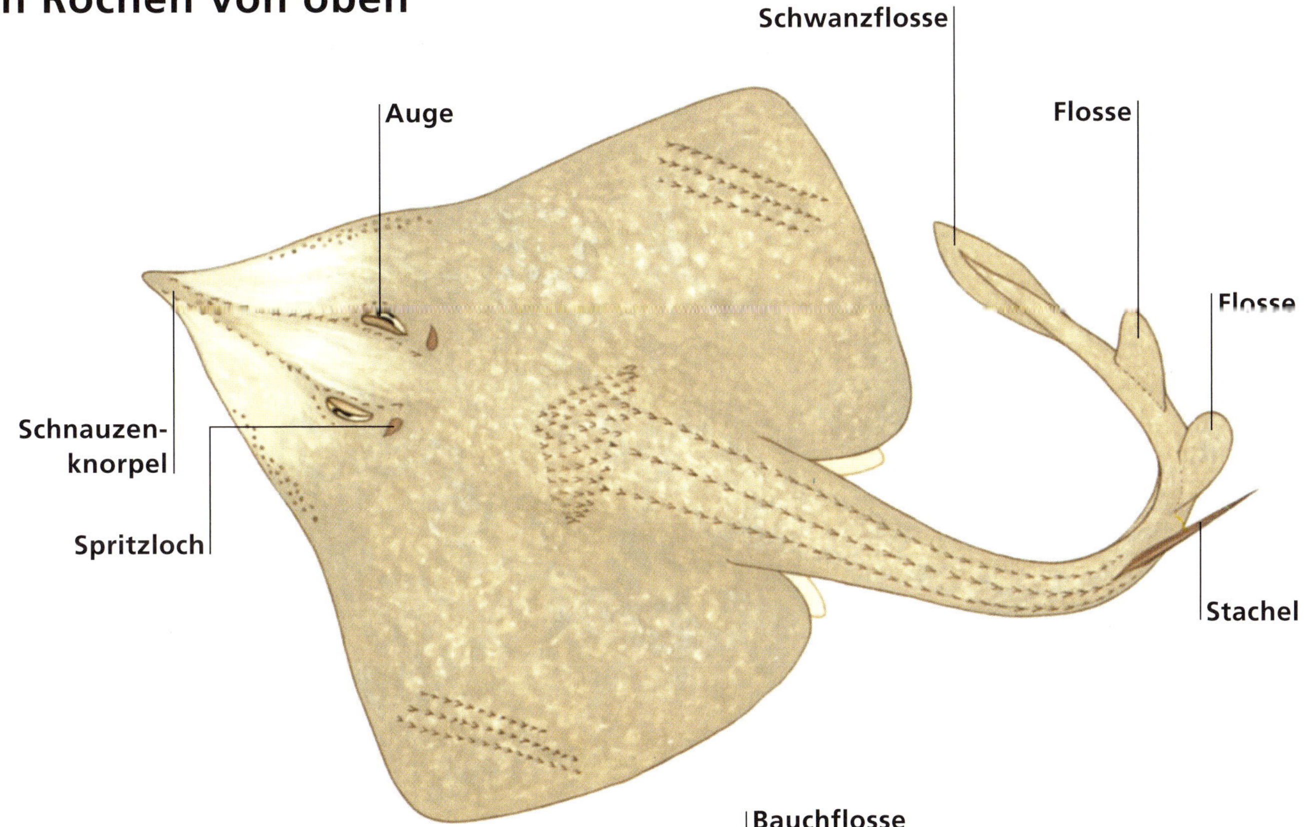

Ein Rochen von unten

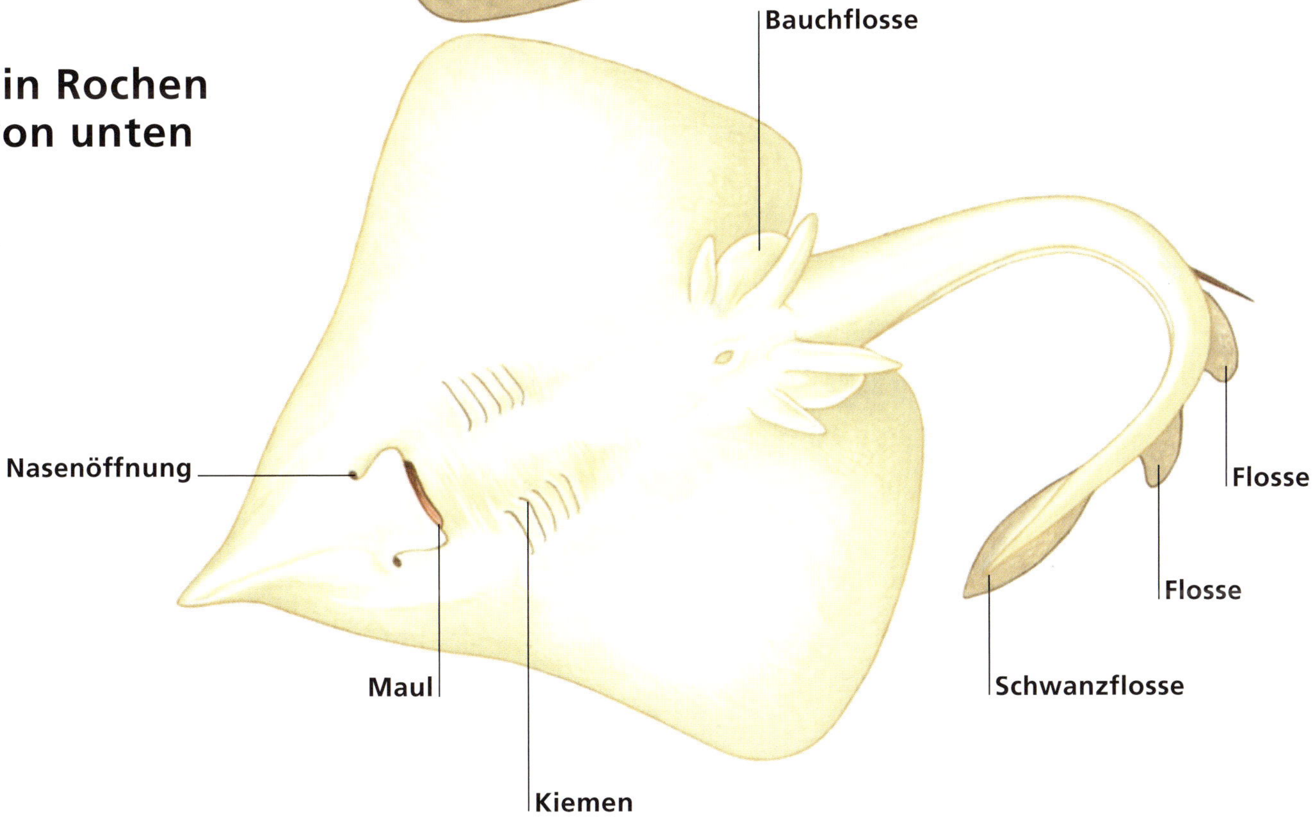

Krausenhai
Dieser Hai sieht aus wie ein Aal und hat am Kopf sechs Kiemen.

Haiarten

Es gibt über 350 verschiedene Haiarten, die sich zum Teil sehr voneinander unterscheiden. Allein ihre Köpfe: Der des Krausenhais ist lang und dünn, während der des Engelhais so wirkt, als habe man ihn platt gedrückt. Der Nagelhai wiederum hat eine extrem lange Schnauze. Sie ist wie der Rest seines Körpers mit lauter kleinen Stacheln bedeckt. Beim Sägehai scheint die Schnauze einer Art Säge Platz gemacht zu haben. Mit ihr stöbert der Raubfisch nach Beute und zerteilt sie in mundgerechte Stücke.

Engelhai
Wegen seines flachen Körpers hat er große Ähnlichkeit mit einem Rochen.

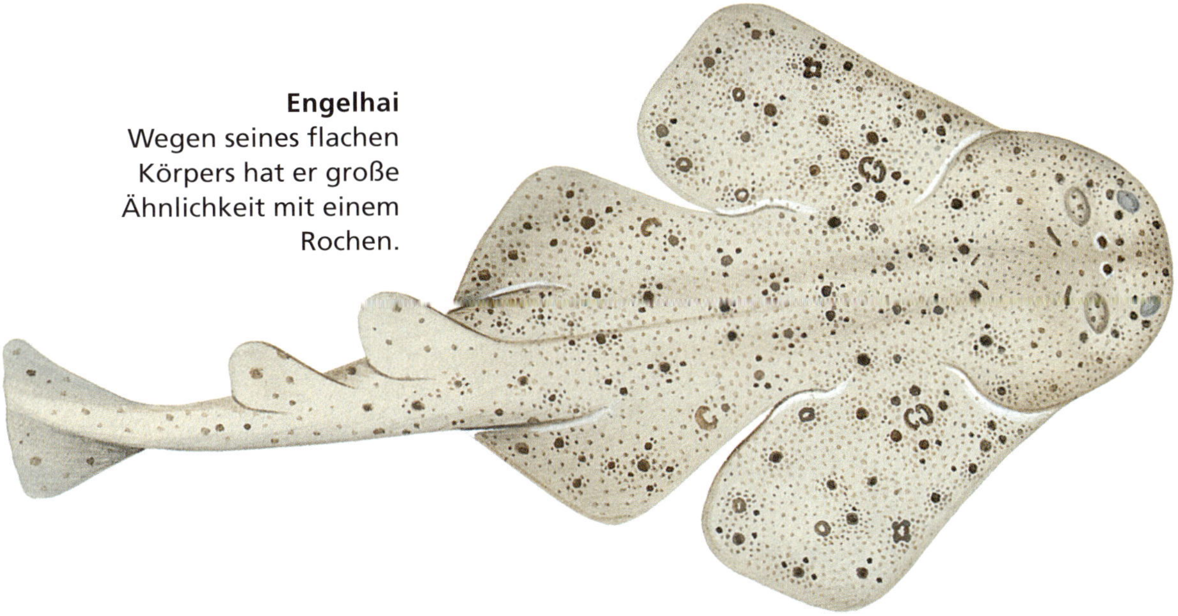

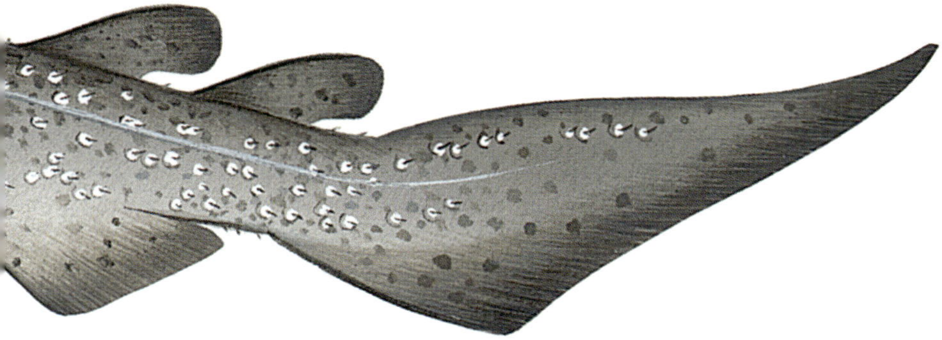

Nagelhai
Sein Körper ist mit lauter kleinen Hautzähnchen bedeckt.

Sägehai
Seine Schnauze sieht aus wie ein flaches Schwert mit Zähnen an jeder Seite.

Jede Haiart hat ihre Besonderheiten. Die Haut von Zebrahaien ändert Farbe und Muster, je älter die Tiere werden: Jungtiere sind braunschwarz und haben gelbe Querstreifen. Später verfärben sie sich gelbbraun und zeigen schwarze Punkte. Hornhaie haben eine Schnauze, die bei näherer Betrachtung an den Rüssel eines Schweines erinnert. Weißspitzen-Hochseehaie verfügen über lange Brustflossen, die wie Paddel aussehen. Die größte Schwanzflosse hat der Fuchshai: Sie ist fast so lang wie sein ganzer Körper!

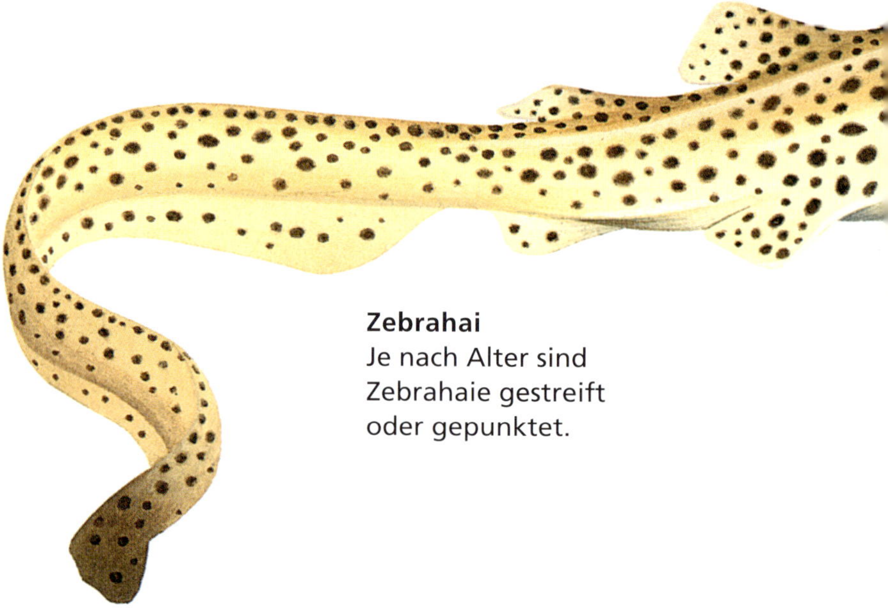

Zebrahai
Je nach Alter sind Zebrahaie gestreift oder gepunktet.

Hornhai
Vor jeder Rückenflosse hat er einen spitzen Dorn.

Fuchshai
Seine extrem lange Schwanzflose macht ihn zu einem ausgezeichneten Schwimmer.

Weißspitzen-Hochseehai
Ihn erkennt man an seiner großen, runden Rückenflosse.

Manta- oder Teufelsrochen
Der größte Rochen der Welt ist ein ausgezeichneter Schwimmer.

Sägerochen
Mit seiner Säge stöbert er nach Beute.

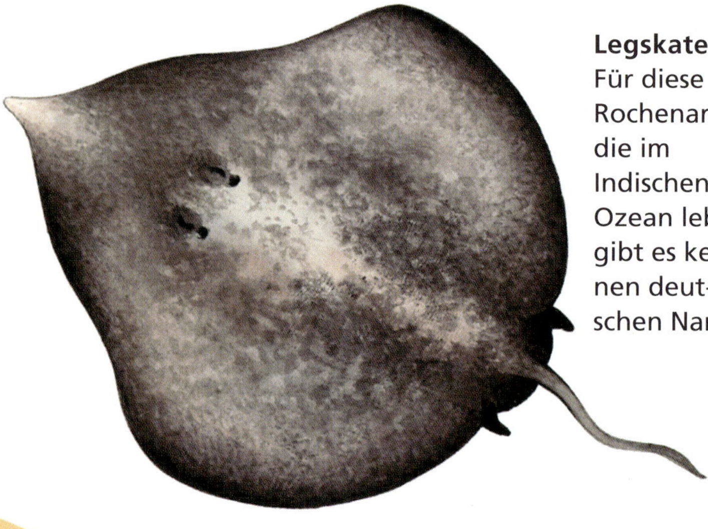

Legskate
Für diese Rochenart, die im Indischen Ozean lebt, gibt es keinen deutschen Namen.

Stechrochen
Er wird wegen seines tödlichen Giftstachels gefürchtet.

Rochenarten

Rochen haben stark vergrößerte Brustflossen, die wie Flügel aussehen. Bis heute konnten die Forscher etwa 600 verschiedene Arten ausmachen. Die meisten Rochen leben am Meeresgrund und graben sich dort in den Sand ein. Der größte Rochen ist der Manta- oder Teufelsrochen. Er hat eine Flügelspannweite von 6,7 Meter und kann bis zu 1350 Kilogramm wiegen! Der kurznasige Zitterrochen dagegen ist der kleinste. Er wird maximal zehn Zentimeter lang.

Geigenrochen
Er benutzt seinen Schwanz zum Schwimmen.

Torpedorochen
Auch bekannt unter dem Namen „Echter Zitterrochen". Er kann Stromstöße von bis zu 200 Volt austeilen!

Wie groß können Haie werden?

Haie gibt es in allen möglichen Größen, aber die meisten von ihnen sind kleiner als der Mensch. Der größte ist der Walhai. Er kann bis zu 15 Meter lang werden. Trotz seiner Furcht erregenden Größe ist er völlig harmlos. Einer der kleinsten ist der Zwerghai. Er misst gerade einmal 25 Zentimeter!

Weißer Hai
7 m

Schaufelnasen-Hammerhai
1,20 m

Haie im Vergleich
Die auf diesen Seiten abgebildeten Haie wurden maßstabsgetreu gezeichnet. Wenn du sie mit dem Taucher rechts unten vergleichst, kannst du dir vorstellen, wie groß diese Fische im Vergleich zum Menschen wirklich sind. Auf diesen Seiten sind einige beachtliche Exemplare dabei!

Fransenteppichhai
1,25 m

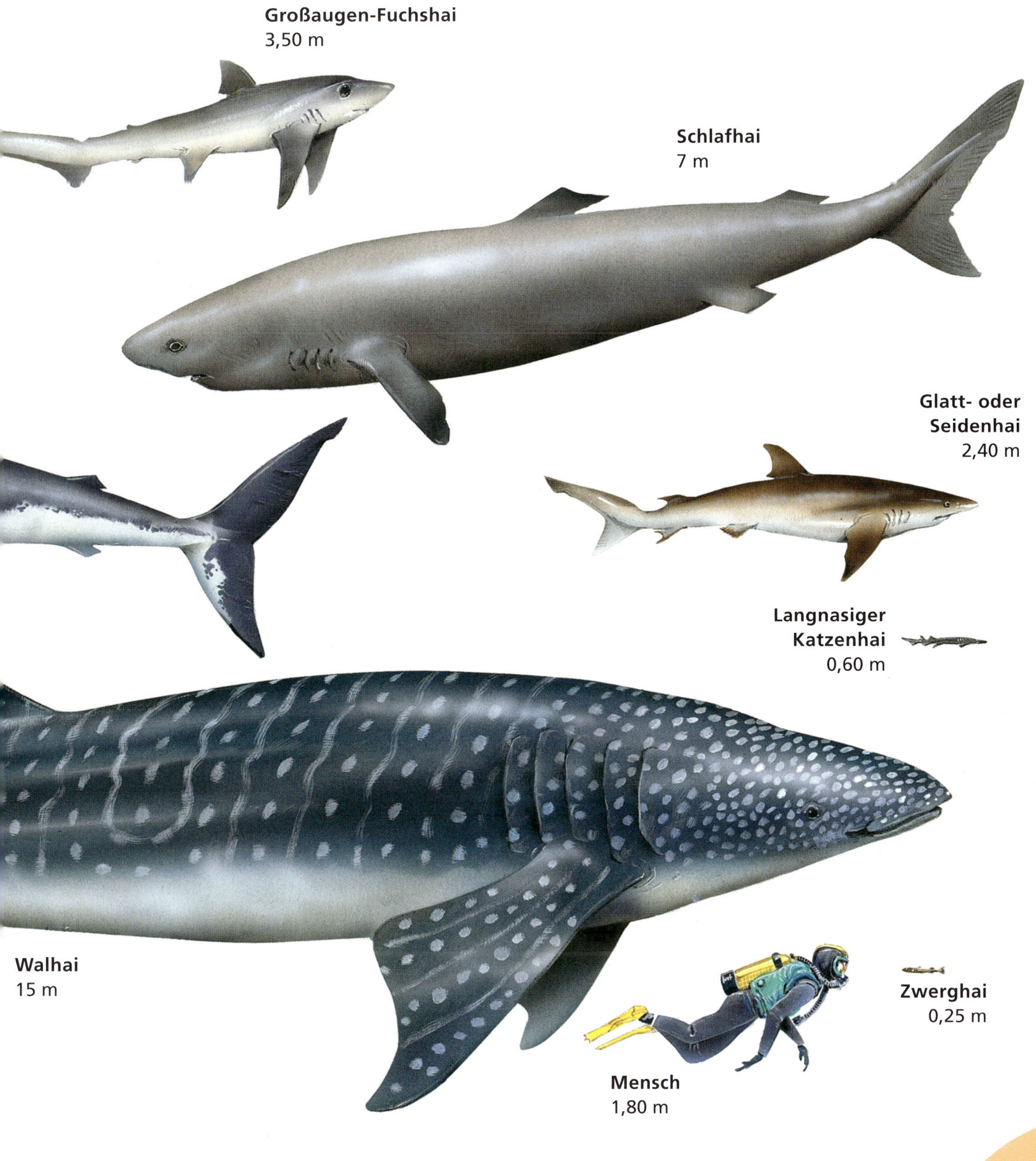
Großaugen-Fuchshai
3,50 m
Schlafhai
7 m
Glatt- oder Seidenhai
2,40 m
Langnasiger Katzenhai
0,60 m
Walhai
15 m
Zwerghai
0,25 m
Mensch
1,80 m

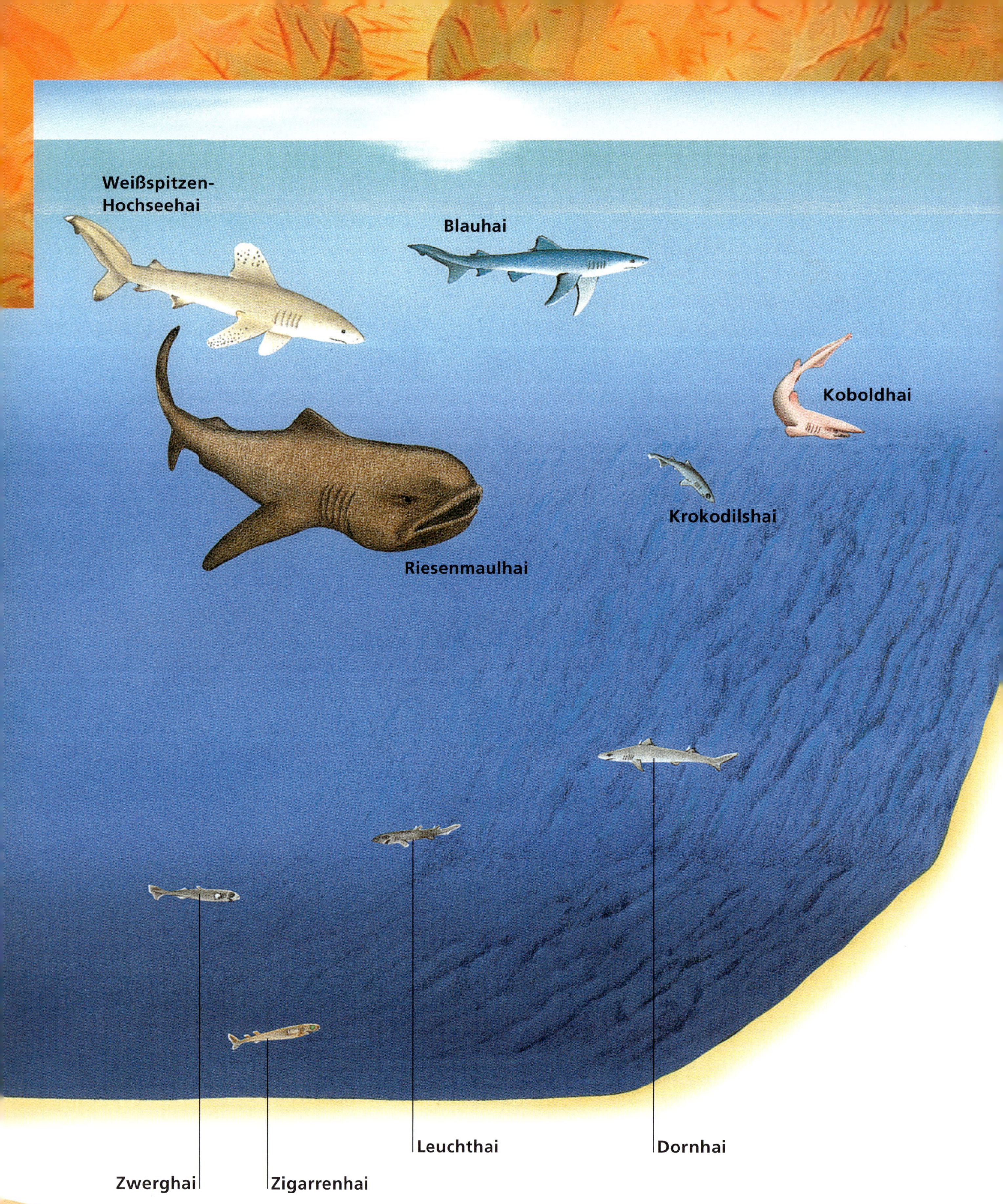

Weißspitzen-
Hochseehai
Blauhai
Koboldhai
Krokodilshai
Riesenmaulhai
Leuchthai
Dornhai
Zwerghai
Zigarrenhai

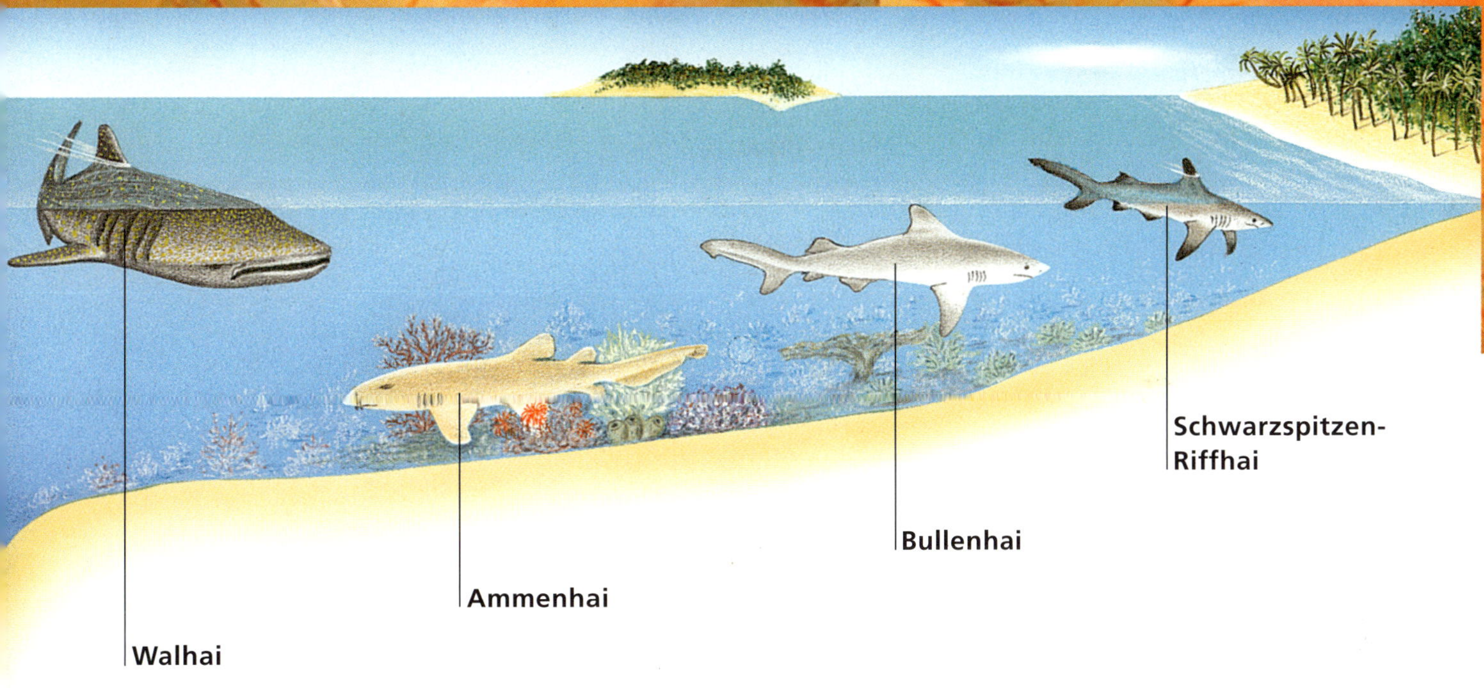

Wo Haie leben

Je nach Art leben Haie in ganz unterschiedlichen Bereichen des Ozeans. Sie halten sich vor allem dort auf, wo sie die Nahrung finden, die ihnen am besten schmeckt. Manche leben in Küstennähe, andere bei Riffen und wieder andere weit draußen im offenen Meer. Manche Haie tummeln sich eher an der Wasseroberfläche, denn dort ist das Wasser wärmer. Andere bevorzugen das kühlere Wasser der tiefer liegenden Schichten. Einige Haie leben sogar auf dem Meeresgrund. Das Bild zeigt, welche Arten in den verschiedenen Gewässerschichten vorkommen.

Körperformen

An der Körperform der einzelnen Haie kann man erkennen, wie sie sich im Wasser bewegen. Der Blauhai und der Kurzflossen-Mako sind hervorragende Schwimmer. Ein Grund hierfür ist vor allem ihre große Schwanzflosse und ihre pfeilförmige Körperform. Der Mako gehört sogar zu den schnellsten Haien. Dank seines flachen Körpers kann sich der Engelhai unbemerkt in den Meeresboden eingraben.

Blauhai

Schwanzformen
Haie bewegen sich mit Hilfe ihrer Schwanzflossen fort. Bei schnellen Schwimmern ist die Schwanzflosse beinahe genauso groß wie der Schwanz selbst.

Kurzflossen-Mako

Engelhai

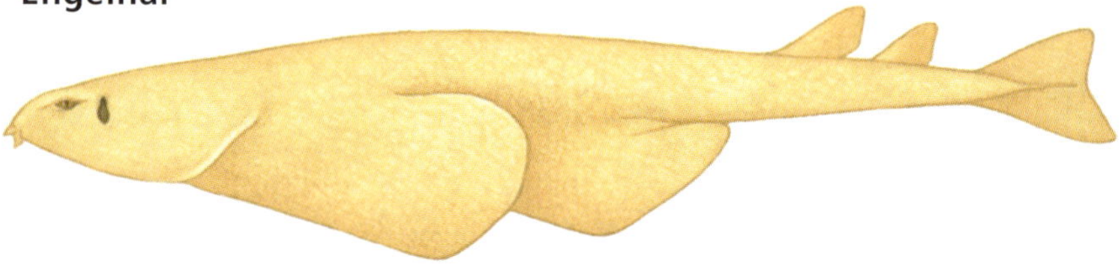

Ammenhai-Schwanzflosse
langer oberer Lappen

SCHON GEWUSST?

Der Glatt- oder Seidenhai ist ein extrem schneller Schwimmer, nur wenden kann er nicht besonders gut: Will er unterwegs die Richtung ändern, wirkt das alles andere als elegant. Er schnellt dann abrupt herum.

Zigarrenhai-Schwanzflosse
fast symmetrisch

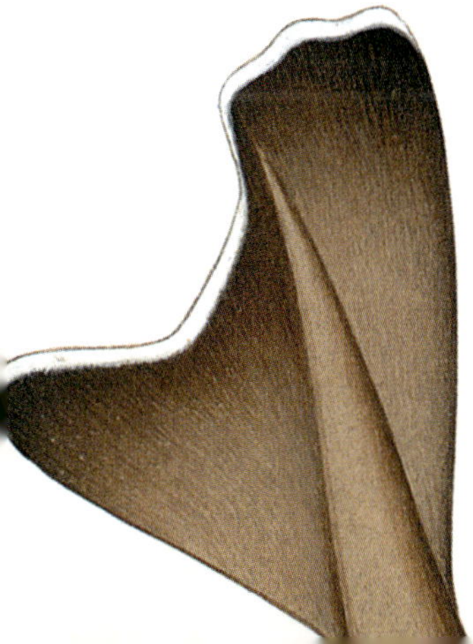

Heringshai-Schwanzflosse
mit Einkerbung

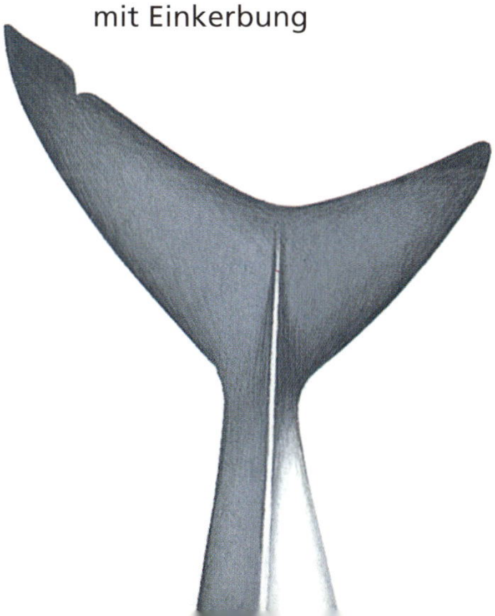

Tigerhai-Schwanzflosse
spitz auslaufend

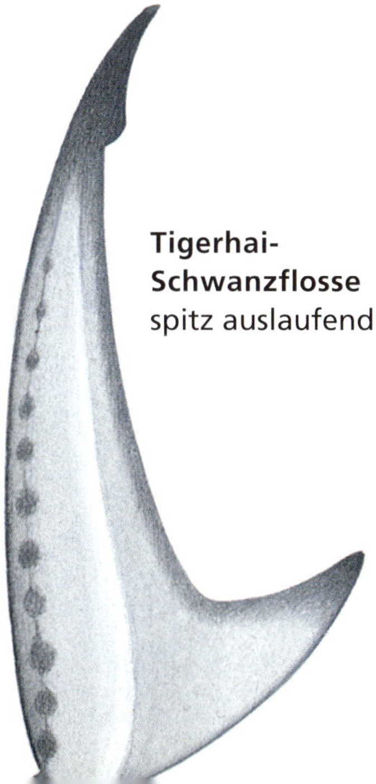

Fuchshai-Schwanzflosse
extrem lang

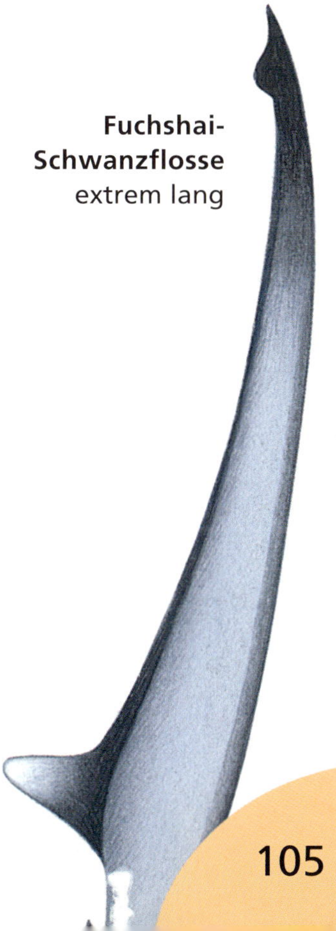

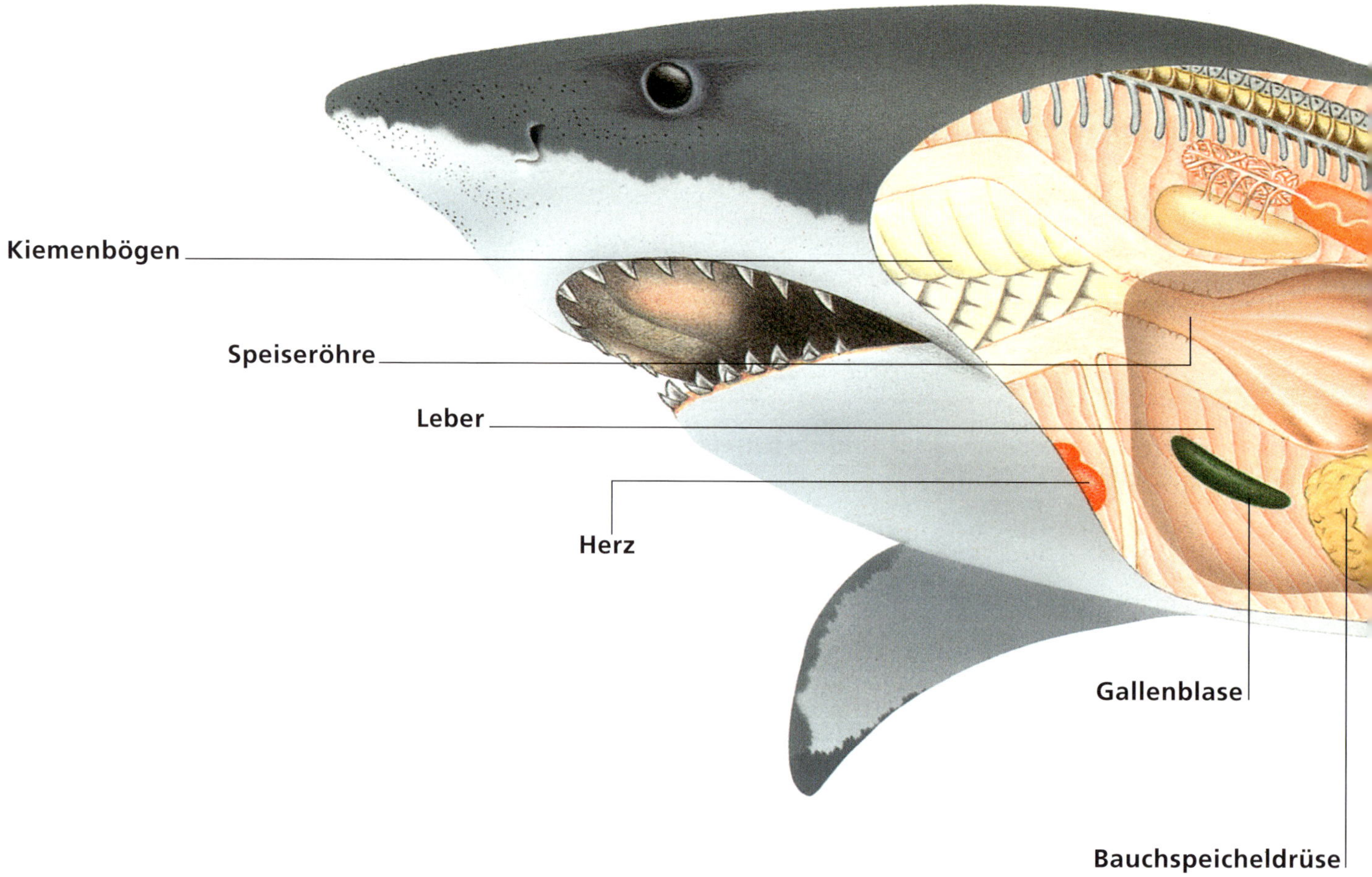

Die Organe des Hais

In dem schlanken Körper des Hais befinden sich alle wichtigen Organe, mit denen er atmen, fressen, ja sogar schwimmen kann. Die Leber des Hais kann sehr groß sein und enthält eine Art Öl. Dieses Öl sorgt dafür, dass der Hai im Wasser leichter ist. Die riesige Leber des Hais wirkt also wie eine Schwimmweste! Die Wirbelsäule des Hais reicht bis in die Spitze seiner Schwanzflosse. Aus diesem Grund ist sie sehr kräftig und stabil.

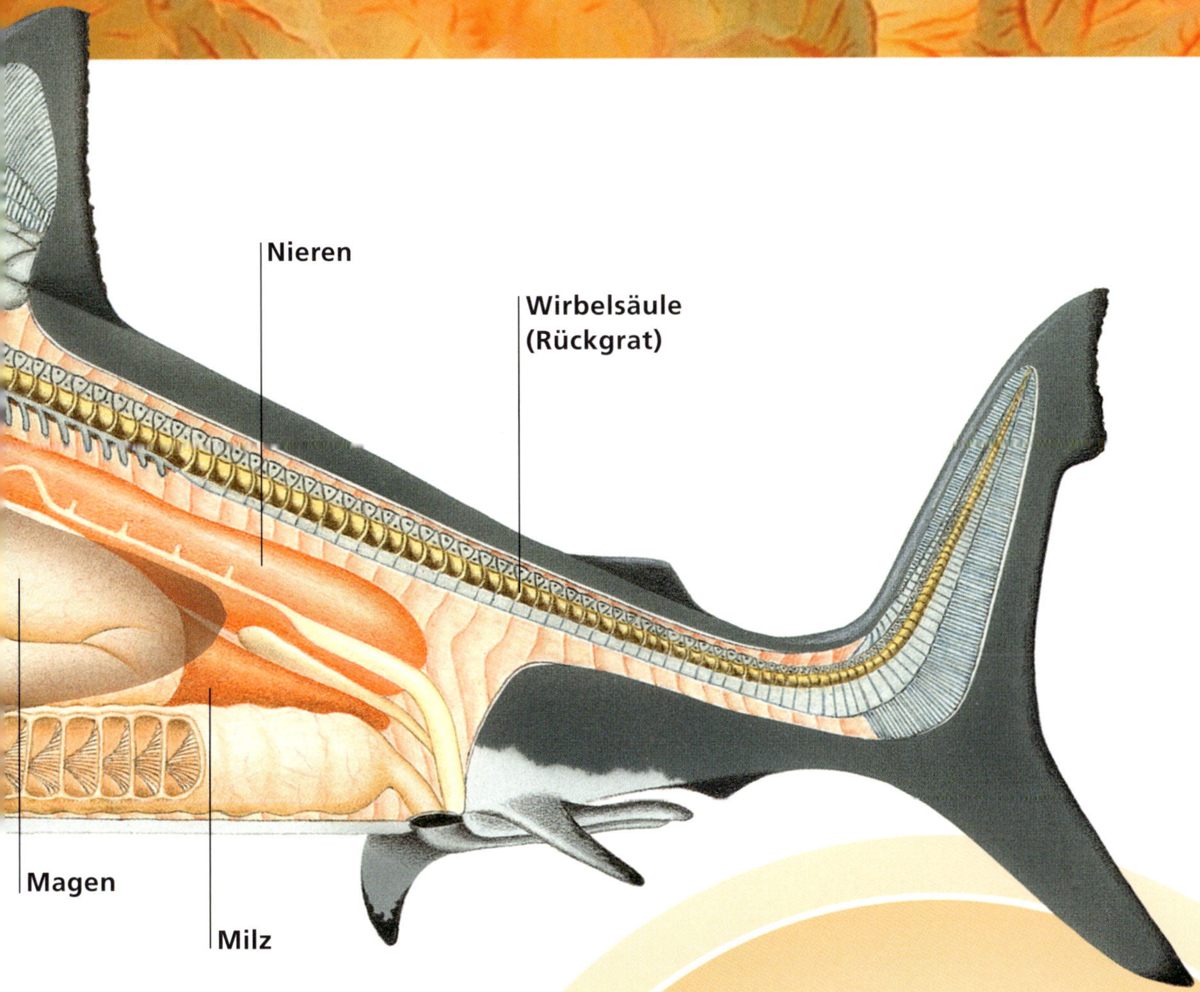

SCHON GEWUSST?

Das Alter eines Hais kann man an seiner Wirbelsäule ablesen: Hier bilden sich Wachstumsringe. Jeder Ring steht für ein Lebensjahr.

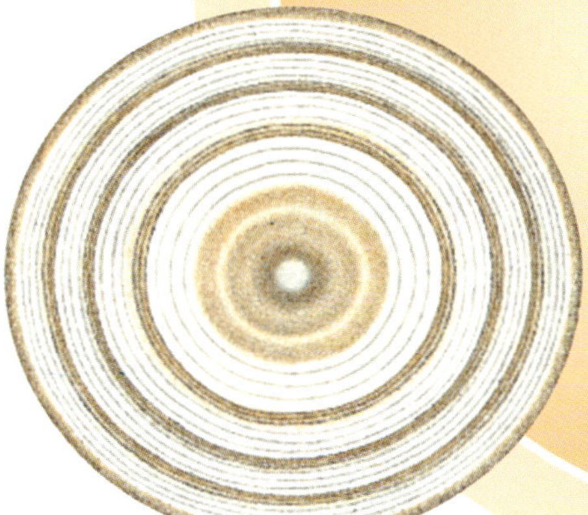

Sinnesorgane

Haie können sehen, hören, riechen, schmecken und fühlen. Mit ihrem ausgeprägten Geruchssinn können sie feinste Blutspuren wahrnehmen. Sie verfügen sogar über einen speziellen Ferntastsinn, mit dem sie die Bewegungen weit entfernter Tiere im Wasser wahrnehmen können. Dafür besitzen sie ein Röhrensystem, Seitenlinienorgan genannt, das zu beiden Seiten des Körpers verläuft. Die Röhren verzweigen sich in immer kleinere Kanäle. Dort befinden sich ganz feine Härchen, die dabei helfen, jede auch noch so geringe Bewegung – und damit auch die Beute – zu orten.

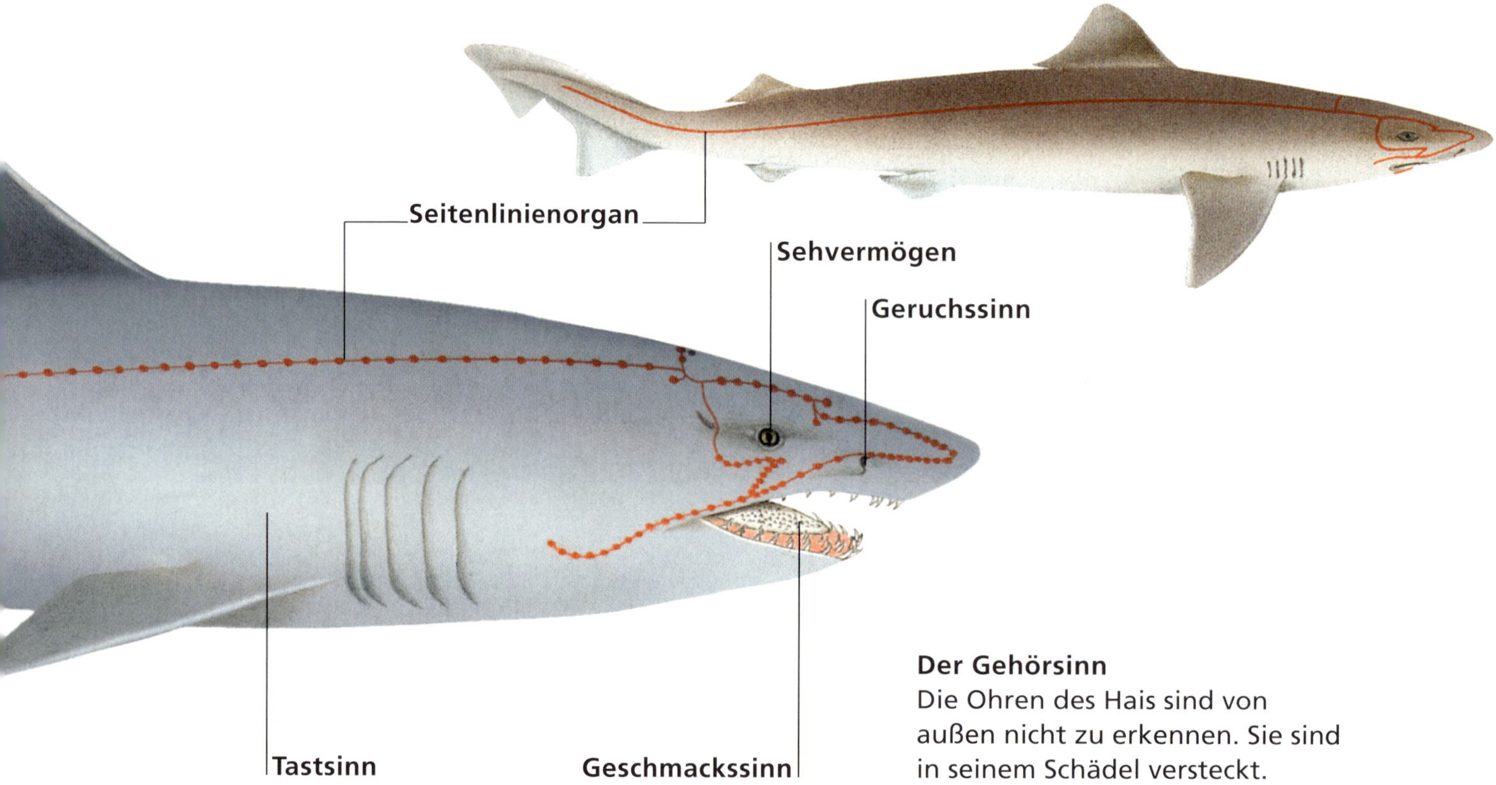

Der Gehörsinn
Die Ohren des Hais sind von außen nicht zu erkennen. Sie sind in seinem Schädel versteckt.

SCHON GEWUSST?

Haie und Rochen, die platt auf dem Meeresgrund liegen, haben ihre Augen oben auf dem Kopf. Durch ihr Spritzloch können sie Wasser ohne Sand einsaugen.

Engelhai

Atmung

Haie und Rochen atmen, indem sie Sauerstoff aus dem Wasser filtern. Das funktioniert nur beim Schwimmen: Bei geöffnetem Maul strömt dem Hai das Wasser automatisch ins Maul. Von dort gelangt es in die Kiemen und tritt dann aus den Kiemenspalten wieder aus. Haie müssen also ständig in Bewegung sein, sonst bekommen sie keine Luft mehr. Manche Arten haben eine Art Pumpe in den Kiemen, die dafür sorgt, dass ständig frisches Wasser nachströmt.

So funktionieren die Kiemen
Wenn das Wasser über die Kiemen strömt, wird der Sauerstoff herausgefiltert und über das Blut an die Organe weitergegeben.

Atmen auf dem Meeresgrund

Rochen atmen anders als Haie. Da sie sich tief in den Meeresgrund eingraben, nehmen sie das Wasser durch Spritzlöcher auf, die sich oben auf dem Kopf direkt hinter den Augen befinden. Das verbrauchte Wasser wird dann anschließend durch die darunter liegenden Kiemenspalten wieder hinausgepumpt.

Ein mächtiges Gebiss

Haizähne gibt es in ganz unterschiedlichen Formen und Größen. Was für Zähne ein Hai hat, hängt davon ab, welche Nahrung ein Hai normalerweise zu sich nimmt. Das Besondere an Haizähnen ist, dass abgebrochene Zähne innerhalb weniger Stunden sofort wieder nachwachsen. Die Ersatzzähne liegen bereits fertig ausgebildet hinter den Zahnreihen. Riesenmaulhaie benötigen ihre Zähne zum Fressen nicht einmal. Die so genannten Filterfresser öffnen einfach nur das Maul und schwimmen geradeaus. Sie filtern das Plankton mit rechenartigen Knorpelplatten aus dem Wasser.

Und jetzt kräftig zubeißen!
Der große Weiße Hai hebt seine Schnauze und reißt sein Maul auf. Dabei klappt der Oberkiefer beinahe aus dem Maul heraus und ... schnapp! Da Haie nicht kauen können, reißen sie einzelne Brocken aus ihrer Beute heraus, die sie dann hinunterschlingen.

Phase eins

Phase zwei

SCHON GEWUSST?

Auf der Haut des Hais sitzen lauter kleine Hautzähnchen, deshalb ist sie rau wie Sandpapier. Die Zähnchen erzeugen einen Wasserfilm, sodass der Hai leicht durchs Wasser gleiten kann.

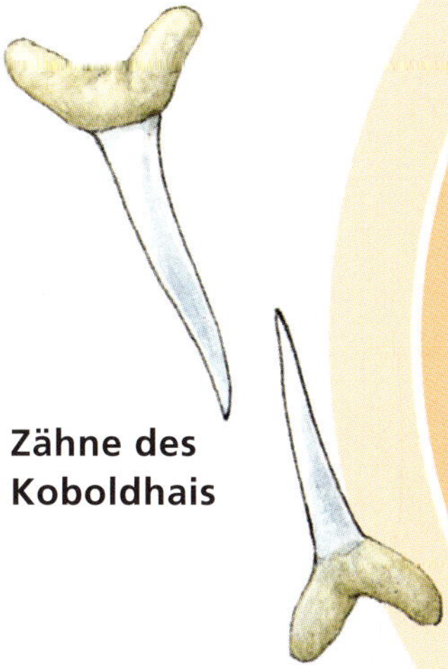

Zähne des Koboldhais

Zähne des Weißen Hais

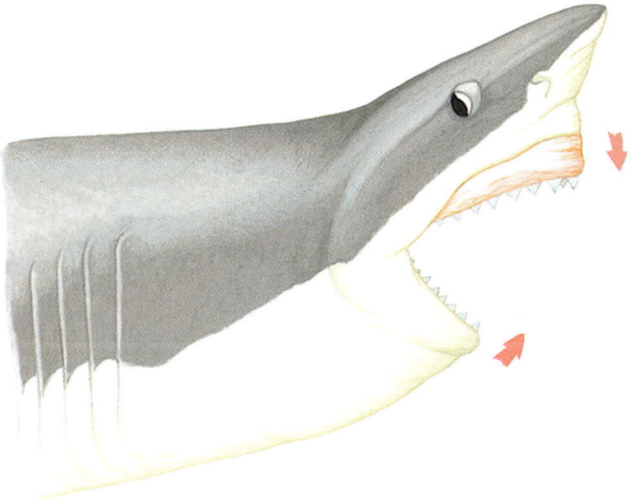

Phase drei

Phase vier

Wenn Haie angreifen

Es kommt vor, dass Haie Menschen anfallen und töten. Doch ein Hai greift meist nur dann an, wenn er glaubt, in Gefahr zu sein oder sein Revier verteidigen zu müssen. Manchmal verwechselt der Raubfisch aber auch einen Schwimmer oder Surfer mit seiner gewohnten Nahrung. Das passiert vor allem dann, wenn jemand stark zappelt. Aus diesem Grund sollte man darauf achten, nicht in Regionen zu baden, wo es Wasserschildkröten oder Robben gibt: Davon ernähren sich große Haie überwiegend.

Vorsicht, Verwechslung!
Dieser Surfer hat noch einmal Glück gehabt: Der hungrige Hai bekam nur sein Surfbrett zu packen! Höchstwahrscheinlich hat er den Surfer für eine Schildkröte oder eine Robbe gehalten.

Hainetze

An manchen Stränden werden Hainetze gespannt. Sie trennen das tiefe vom flachen Wasser und sollen die Badenden vor den Raubfischen schützen. Doch diese Netze haben auch Nachteile: Manchmal verfangen sich kleinere, harmlose Haie, aber auch Rochen, Schildkröten und Delfine darin und sterben einen qualvollen Tod. Hainetze sind sehr teuer. Sie müssen fast jeden Tag kontrolliert werden, um tote Tiere daraus zu entfernen und eventuell entstandene Löcher zu flicken. Auch nach starken Stürmen sind die Netze reparaturbedürftig.

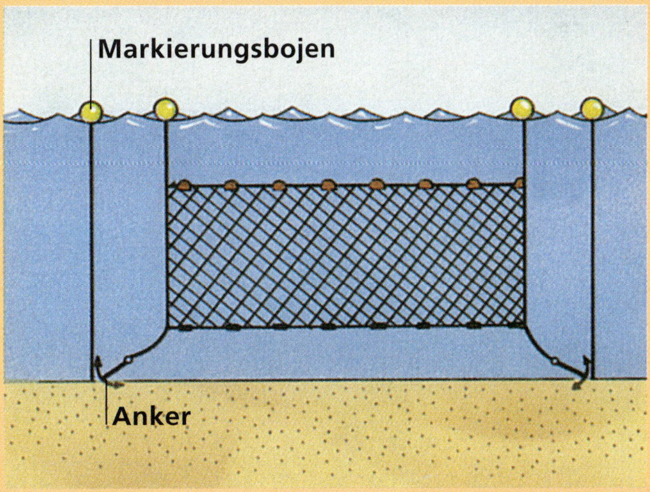

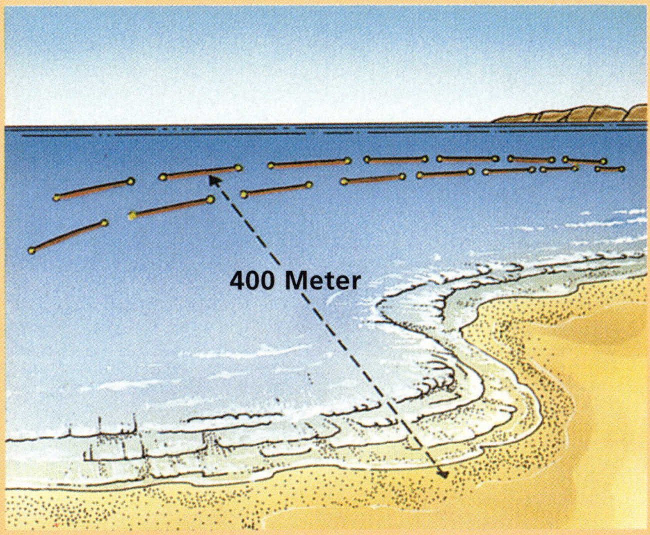

Bevor ein Hai angreift, sendet er eindeutige Botschaften aus. Manche Haie schwimmen direkt auf ihre Beute zu und machen dann im letzten Moment eine Kehrtwendung. Dabei schnellt ihre Schwanzflosse hin und her. Andere Haie kreisen ihre Beute zunehmend enger ein. Das ist einfach eine Drohgebärde, mit der sie den Eindringling einschüchtern und in die Flucht schlagen wollen.

SCHON GEWUSST?

Stachelrochen haben giftige Stacheln an ihren Schwanzflossen. Wenn man damit in Kontakt gerät, kann das sehr schmerzhaft sein. Manche Stacheln sind für den Menschen sogar tödlich.

Normale Schwimmhaltung
Dieser graue Riffhai (rechts) schwimmt ganz normal vor sich hin. Sein Rücken beschreibt eine leichte Kurve, während seine Seitenflossen gerade vom Körper abstehen.

von der Seite

von vorn

von oben

von der Seite

von vorn

von oben

Wenn Haie angreifen
Bevor ein Hai wirklich angreift, sendet er eindeutige Warnsignale aus: Dieser graue Riffhai (links) hat seinen Rücken stark gekrümmt. Seine Seitenflossen zeigen nach unten, während Kopf und Schwanzflosse hin- und herschnellen. Zieht sich der Bedrohte nicht rechtzeitig aus dem Hairevier zurück, könnte er von diesem Raubfisch angefallen werden.

Worterklärungen

Art: Eine Gruppe von Tieren oder Pflanzen, die gemeinsame Merkmale aufweisen. Mitglieder derselben Art können sich paaren und untereinander fortpflanzen.

Barten: Hornlamellen, mit denen Wale ihre Nahrung aus dem Wasser filtern. Wale, die Barten haben, besitzen keine Zähne.

Beuteltiere: Tiere, die einen Beutel besitzen, in dem sie ihre Jungen säugen, zum Beispiel das Känguru

Blasloch: Nasenöffnung der Wale und Delfine, durch die beim Auftauchen Luft geholt wird

Chlorophyll: Ein grünes Pigment, auch Blattgrün genannt. Mit seiner Hilfe kann die Pflanze Sonnenenergie speichern, die sie für die Nahrungsproduktion (Fotosynthese) benötigt.

Echoortung: Verfahren, mit dem der Wal seine Beute findet

Filterfresser: Haie, die mit offenem Maul schwimmen. Aus dem hereinströmenden Wasser wird die Nahrung herausgefiltert.

Finne: Rückenflosse

Flipper: Brustflosse

Fluke: Schwanzflosse

Fotosynthese: Vorgang, bei der die Pflanze mit Hilfe von Chlorophyll ihre eigene Nahrung herstellt. Mit dem Chlorophyll nimmt sie Sonnenenergie auf, um aus Wasser und Kohlendioxid den süßlich Nährstoff Glukose herzustellen. Gleichzeitig gibt sie Sauerstoff ab.

Glukose: Süßliche Pflanzennahrung, auch Traubenzucker genannt

Harem: Gruppe von Weibchen, die von wenigen Männchen beherrscht wird, zum Beispiel bei Löwen und Robben

Humus: Abgestorbene Stoffe von Pflanzen und Tieren, die für fruchtbaren Boden sorgen

Knorpel: Festes, zugleich aber biegsames Körpergewebe. Knorpel hat bei manchen Fischen eine Stützfunktion, ähnlich wie das Skelett beim Menschen.

Kolonie: Tiere einer Art, die sich zu einer riesigen Gruppe zusammengeschlossen haben

Kohlendioxid: In der Luft vorkommendes Gas, das die Pflanzen bei ihrer Nahrungsproduktion (Fotosynthese) aufnehmen

Krill: Winzige Fische und Krabben, Nahrung der Bartenwale

Narbe: Weibliches Geschlechtsorgan der Pflanzen. Wird dieser Teil der Blüte mit männlichem Pollen bestäubt, ist die Pflanze befruchtet.

Phloem: Leitgewebe, das den Pflanzennährstoff Glukose von den Blättern in alle Teile der Pflanze transportiert

Riff: Ein enger Fels- oder Korallenkamm im Meer

Seitenlinienorgan: Röhrensystem, das dem Hai eine Art Ferntastsinn ermöglicht: So kann er jede Bewegung im Wasser genau feststellen und orten.

Säugetiere: Warmblütige Wirbeltiere, die in der Regel lebende Junge gebären und sie säugen

Skelett: Der Stützapparat aus Knochen oder Knorpel im Körper eines Tieres

Sukkulenten: Wasser speichernde Pflanzen

Warmblüter: Lebewesen, bei denen die Körpertemperatur unabhängig von der Außentemperatur gleich bleibt

Winterschlaf: Manche Tiere überwintern, indem sie Körpertemperatur und Herzschlag senken, um Energie zu sparen. Sie halten Winterschlaf.

Xylem: Leitgewebe, das Wasser und Mineralstoffe aus den Wurzeln in die Blätter transportiert

Register

Algen 30, 31
Alter 107
Ameisenbär 40
Ameisenigel 39
Ammenhai 103, 105
Antilope 24
Aufsitzerpflanzen 20
Augen 92, 93, 109, 111

Bär 44, 45
Barten 40, 66, 74, 78
Bartenwale 40, 66, 67, 72, 78–80, 83
Belladonna 19
Belugawal 69, 72, 73, 85
Bestäubung 8, 12, 13, 22
Beuteltiere 50
Biber 39
Blas 82, 83
Blasennetz 79
Blasloch 46, 67–69, 82, 83
Blauhai 102, 104
Blauwal 38, 46, 64, 66, 70, 72, 73, 83, 84
Blüte 8, 9, 22, 30
Bromelie 20
Buckelwal 66, 73, 78, 79, 83, 84, 86
Bullenhai 103

Chlorophyll 10, 11, 16

Delfin 64, 66, 71, 74, 77, 80, 88, 89, 115
Dromedar 54
Dornhai 102

Echoortung 76, 77
Eisbär 44
Elefant 24, 25, 39, 42, 43, 54, 70
Engelhai 94, 95, 104
Entenwal, Nördlicher 72
Erdferkel 36
Eukalyptus 15

Fangzähne 60
Faultier 39
Filterfresser 112
Fingerhut 15
Finne 67, 68, 84, 85
Finnwal 82, 85
Fledermaus 38
Fleisch fressende Pflanzen 18, 19
Flossen 68, 80, 84–86, 92, 93, 96, 104, 105, 106, 116, 117
Flipper 84
Fluke 67, 69, 84, 85, 89
Flusspferd 55
Fotosynthese 11
Fransenteppichhai 100
Fuchshai 96, 97, 101, 105
Furchenwal 74

Gabelbock 61
Ganges-Flussdelfin 80
Gebirgspflanzen 26, 27
Geigenrochen 99
Gepard 61
Gibbon 53
Giraffe 24, 39
Giraffengazelle 40
Glatthai 101, 105
Glattwal 66, 74, 82, 85
Gnu 24, 56, 57, 61
Gorilla 38, 53
Grasland 24, 25
Grauwal 73, 78, 84
Grönlandwal 72, 80

Hai 71, 92, 94–97, 100–118
Harem 49
Heilpflanzen 14, 15
Hirsch 55
Hornhai 96
Huftiere 54, 55
Humus 23

Jahresringe 9

Kaktus 32, 33
Känguru 50, 51
Katzenhai 101
Kiemen 46, 92, 93, 106, 110, 111
Klammeraffe 38
Klicken 76
Knoblauch 15
Knorpel 92, 93
Koala 39
Koboldhai 102
Kohlendioxid 10, 11
Kolonie 49
Kopfformen 74, 75
Krausenhai 94
Kriechpflanzen 26
Krokodilshai 102
Kurzflossen-Mako 104, 105
Küstenpflanzen 28, 29

Legskate 98
Leuchthai 102
Löwe 37, 41, 60, 61

Malaienbär 45
Mantarochen 98, 99
Marschland 31
Melone 68, 69
Menschenaffe 38
Mohn 15

Nagelhai 94, 95
Narwal 75, 84
Nashorn 39, 55, 58, 59

Ohren 108
Orang-Utan 52, 53
Organe 68

Pflanzenorgane 8
Phloem 10, 11
Pilze 16, 17, 23
Pottwal 47, 71–75, 81, 82, 84
Raubkatzen 56, 60, 61
Regenwald 11, 15, 20–23
Riesenmaulhai 102, 112
Riesenseerose 30
Riff 103
Riffhai 117
Robben 49, 114
Rochen 92, 93, 98, 99, 109–111, 115
Rückgrat 106, 107

Sägehai 94, 95
Sägerochen 98
Samen 12, 13, 32
Säugetiere 36, 37–40, 42, 64
Seelöwe 38, 49
Schaufelnasen-Hammerhai 100
Schimpanse 53
Schlafhai 101
Schnabel 67
Schnauzen 92–94, 96, 112
Schuppentier 39
Schwarzspitzen-Riffhai 103
Schweinswal 46, 73, 80, 85
Schwertwal 73, 80, 85
Seelöwe 38, 49
Seerose 30
Seitenlinienorgan 108
Spingbock 38, 61
Sporen 16
Spritzloch 93, 109
Stachel 93, 116
Stachelrochen 116
Stamm 8, 9, 16, 26, 27
Stechrochen 98
Strandhafer 29
Streifenhyäne 41
Sukkulenten 32

Thomsongazelle 61
Tiger 60
Tigerhai 105
Tintenfisch 81
Tollkirsche 19
Torpedorochen 99
Tümmler 64, 71, 75, 86

Venusfliegenfalle 19

Walgesänge 66
Walhai 100, 101, 103
Walross 48, 49
Warmblüter 36, 38
Wasserpflanzen 30, 31
Webervogel 25
Weißer Hai 100
Weißspitzen-Hochseehai 96, 97
Winterschlaf 37, 45
Würgfeige 20
Wurzeln 8–11, 13, 16, 24, 28–31
Wüstenpflanzen 32, 33

Xylem 10, 11

Zähne 65, 66, 74, 75, 80, 112, 113
Zahnwale 66–68, 76, 80, 81
Zebra 24, 55
Zebrahai 96, 102
Zigarrenhai 102, 105
Zitterrochen 99
Zwergwal 64, 71